档案信息化建设与管理创新

张璐璐 【著】

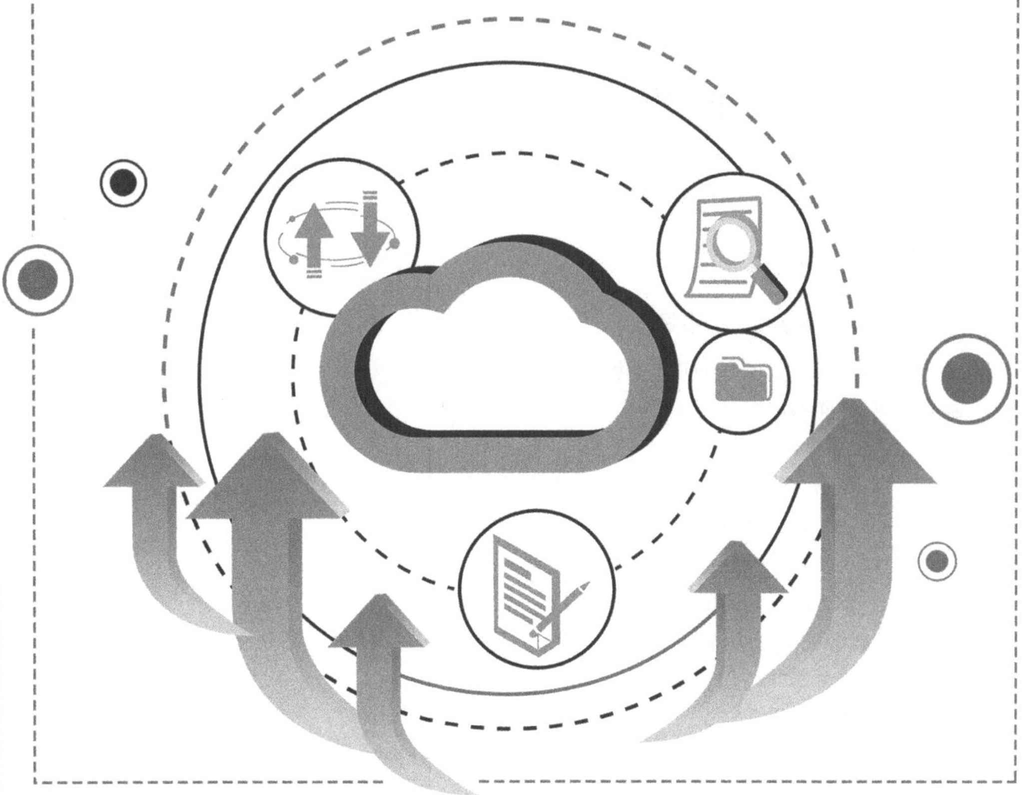

燕山大学出版社
·秦皇岛·

图书在版编目(CIP)数据

档案信息化建设与管理创新 / 张璐璐著. — 秦皇岛:燕山大学出版社,2021.3

ISBN 978-7-81142-183-5

Ⅰ.①档… Ⅱ.①张… Ⅲ.①档案工作—信息化建设—研究 Ⅳ.①G270.7

中国版本图书馆CIP数据核字(2020)第130085号

档案信息化建设与管理创新

张璐璐 著

出 版 人:陈 玉
责任编辑:张岳洪
封面设计:左图右书
出版发行:燕山大学出版社 YANSHAN UNIVERSITY PRESS
地 址:河北省秦皇岛市河北大街西段438号
邮政编码:066004
电 话:0335-8387555
印 刷:英格拉姆印刷(固安)有限公司
经 销:全国新华书店

开 本:787mm×1092mm 1/16 印 张:12.5 字 数:170千字
版 次:2021年3月第1版 印 次:2021年3月第1次印刷
书 号:ISBN 978-7-81142-183-5
定 价:48.00元

档案记录着人们在各项社会活动中的重要信息，是非常重要的信息资源。长期以来的档案信息主要记录在纸质材料上，但纸质材料不易保存，存在很大的损毁风险，且查询不便，利用起来效果不佳。

信息化是当今世界发展的大趋势，是推动经济社会变革的主要力量，大力推进档案信息化，是档案事业适应时代和社会发展的必由之路，更是提高档案管理能力和档案信息服务水平的必然选择。长期以来，我国档案部门实施信息化发展战略，制定了一系列发展规划、制度要求和标准规范。从20世纪80年代开始，档案管理部门积极探索文档一体化，以及档案信息资源总库、目录中心、公共网站、数字档案馆（室）等建设，有效开展纸质档案数字化、电子文件归档、电子档案移交工作，使信息技术在档案管理中得到多方位、多层次应用，档案信息资源得到相应整合，逐渐实现了档案信息化管理，档案信息资源服务能力和安全保障进一步增强。

档案信息管理不仅是专业档案管理人员的基本任务，也是办公室事务管理的重要组成部分，所以不同专业、不同层次的办公室工作人员都需要了解和掌握档案管理的实用技能。而随着现代信息化社会的发展，档案作为最原始的信息得到广泛利用，档案管理也从传统的手工管理向自动化方式转变，服务方式也从被动服务、单一服务向主动服务、多元服务转变。这对现代档案管理人员和办公室工作人员的能力和素质提出了更高的要求。

在互联网技术高速发展的今天，网络改变着人类对信息资源的获取、传递、保管、存储、开发和利用的方式，网络成为信息资源生存的基本环境，成为国家、地区、组织和人与人之间交流的桥梁，网络带来了自动化、流程化、规范化和高效率。面对这种时代的改变，我们需要顺应时代的进步，运用现代化的管理手段，更新管理理念、重组业务流程、改变服务手段，进行管理理念的创新、管理技术的创新，提高服务质量、提升管理水平，开发档案资源，为社会各行业提供更好的信息服务，更好地推动我国档案信息化管理与建设的发展。

CONTENTS
目录

第一章　档案信息化建设与管理概述

第一节　信息技术概述

我国的档案信息化建设是在信息技术日新月异、国家信息化战略不断推进、电子政务建设迅猛发展的多重背景下发展起来的。其中，信息技术是档案信息化的前提和基础。认识信息化和信息技术的基本概念和知识，有利于把握档案信息化的基本规律，克服盲目性，提高自觉性，增强对信息化战略的执行力。

一、信息化基本概念

信息化是当今世界发展的大趋势、大潮流，是各地区、各领域发展的战略制高点。在档案信息化建设的理论研究和实践推进中，档案工作者需要掌握信息化的基本概念和特点。

（一）信息

客观世界有三大要素，即物质、能量和信息。人们较早地认识了物质，但在18世纪60年代的工业化时期才认识能量，并发现了物质和能量的转换关系。20世纪50年代以后，信息科学发展成为一门新兴学科，并深刻地影响着世界。

研究信息化首先须认识信息。一般来说，信息的概念有广义和狭义之分：广义的信息（本体论）是指事物存在方式和运动状态的表现形式。其“事物”是指存在于人类社会、思维活动和自然界中的一切对象；其“运动”是指一切意义上的变化，包括机械、物理、化学、生物、思维、社会等的运动。这一层次上定义的是最广泛的信息，既包括自然信息，如鸟语花香、冬去春来；也包括社会信息，如政治信息、经济信息、军事信息、文化信息、科学技术信息、社会生活信息。狭义的信息（主体论）是指人所感知或表述的事物存在方式和运动状态。“感知”是外界向主体输入信息，“表述”是主体向外界输出信息。

本体论层次上的信息是客观信息，不以人的存在为前提。主体论层次上的信息建立在人的意志基础上，是人认识、感知、理解、表达、传递能力的产物，用于特定目的，因此，其内涵要比本体论层次上的信息丰富得多。显然，档案信息属于主体论层次，是人按照自己的意志，在对本体信息效用价值判断的基础上有选择地感知、存储和表述的信息。信息技术的发展，极大地拓展和增强了人对本体信息的感知和表述能力，档案信息化应当充分利用信息技术的强大功能和技术条件，增强人类对社会记忆信息的掌控和驾驭能力。

（二）信息资源

信息资源也有广义和狭义之分：广义信息资源是指人类在社会信息活动中积累起来的信息、信息生产者、信息技术等信息活动要素的集合；狭义信息资源是指人类社会活动中经过加工处理后达到有序化并大量积累起来的有用信息集合。

随着信息技术的发展，特别是互联网的普及，人们实实在在地感受到了信息的普遍性和价值性。将信息看作并转换为一种资源，是对信息或信息活动相关要素价值性高度认可的表现，是当今社会的一种先进意识。同时，从上述概念可以看出，不能随意地将信息称为信息资源。信息的资源化是有条件的，这种条件同样适用于档案信息资源。因此，我们在从事档案信息资源的建设时，也需要在“有序化”和“大量积累”上下功夫，并且要将与信息有关的信息生产者、信息技术等要素纳入信息资源建设和管理的范畴，实现信息资源体系的整体优化和信息资源价值的最大化。

(三)信息技术

档案信息化的物质基础是信息技术,全面认识信息技术是档案信息化建设的前提条件。信息技术是指完成信息的获取、传递、加工、再生和利用等功能的技术。它是一门综合性很强的高新技术,包括以下四项基本内容:一是感测技术,它是人的视觉、听觉、触觉等感觉器官功能的扩展,使人们能更好地从外部世界获得各种有用的信息。二是通信技术,它是人的神经网络功能的扩展,其作用是传递、交换和分配信息,消除或克服空间上的限制,以便更有效地利用信息资源。三是计算机及人工智能技术,它是人的思维器官记忆、联想、计算功能的扩展,使人们能更好地存储、加工和再生信息。四是控制技术,它是人的效应器官(手、脚、口等)功能的扩展,能根据输入的指令对外部事物的运动状态实施干预,实现信息的效应。

(四)信息化

信息化是指社会经济结构从以物质与能源为重心向以信息与知识为重心转变的过程。也就是在经济和社会活动中,通过普遍采用信息技术和电子信息装备,更有效地开发和利用信息资源,推动经济发展和社会进步,使利用信息资源创造的劳动价值在国民经济生产总值中的比重逐步上升,直至占主导地位的过程。因此,信息化不是一种固定的状态,而是一个动态变化的过程。这个过程有着丰富的内涵,包含两个支柱、三个层面、四个特点。全面认识信息化的内涵,有利于我们准确把握信息化的基本规律,引导和促进档案信息化事业持续、健康地发展。

1.“两个支柱”

“两个支柱”是指数字化和网络化:①数字化是将现实世界中的各种模拟信息转变为用二进制代码表示的数字信息,供计算机处理和网络传输的过程。数字化是信息化的基础,没有数字化就没有计算机技术和信息技术;②网络化是指利用通信技术和计算机技术,把分布在不同地点的计算机及各类电子终端设备互联起来,按照一定的网络协议相互通信，以达到所有用户都可以共享软件、硬件和信息资源的目的。网络化是信息化的手段，没有网络化，计算机终端就成了“信息孤岛”，难以提升数字信息的价值。由此可见，档案信息化建设必须紧扣数字化和网络化两个主题。

2.“三个层面”

“三个层面”包括以下几点：①信息技术的开发和应用过程，这是信息化建设的技术基础。信息技术的开发和应用是信息技术与档案工作有机结合和融合的过程，在很大程度上影响档案信息化发展的效率和质量；②信息产品制造业不断发展的过程，这是信息化建设的物质条件。信息产品包括计算机软硬件和网络产品，它在很大程度上决定了档案信息化平台建设的水平，进而决定了档案信息系统建设的水平；③信息资源的开发和利用过程，这是信息化建设的核心与关键。档案信息资源是档案信息化管理和利用的对象，其本身的规模和质量以及潜在和显性的价值，决定了档案信息化的效率和效益。这三个层面是相互促进、共同发展的过程，需要全面、协调、持续地投入和发展。在档案信息化建设过程中，需要建立档案信息化发展长效机制，充分利用和平衡这三个层面的互动关系。

3.“四个特点”

“四个特点”分别是：①渗透性，信息化可以渗透并融入人类社会生活的各领域，深刻改变人类的工作、学习、交流、生活等方式；②增值性，信息化可以实现信息的增值，使信息转变为信息资源，进而转化为知识，通过网络共享，广泛地传递信息、传播知识、传承文化，不断提升信息资源创造的社会价值和经济价值；③创新性，一方面，信息技术的应用能够带来档案工作的管理观念、管理理论、管理方法和管理手段的全面创新；另一方面，管理观念、管理理论、管理方法和管理手段的全面创新也将提高信息技术的应用水平和应用效能；④带动性，信息化可带动档案行政管理和档案业务管理水平的全面提升。

二、计算机系统的基本构成

(一)硬件系统

1.主机

主机相当于人的大脑,具有控制、运算和记忆功能。包括中央处理器和内存储器两部分。

(1)中央处理器(CPU)

中央处理器是计算机系统的核心部件和指挥中枢,主要由控制器和运算器组成。控制器是计算机系统的指挥中心,它根据计算机操作指令,向计算机的各个部件发出控制信息,使计算机系统按照人的意志有条不紊、协调一致地运行。运算器是根据控制器发出的指令进行逻辑运算、算术运算的部件。①

CPU的技术指标主要由主频、总线速度、工作电压等决定,这些因素也决定了计算机系统的技术效能和档次。一般来说,主频和总线速度越高,计算机系统运行的速度也越快;工作电压越低,计算机电池续航时间提升,运行温度降低,也使CPU工作状态更稳定。当前各种移动终端的发展和普及就是得益于CPU技术的迅猛发展。

(2)内存储器

内存储器又称主存储器,简称内存,它是相对于外存储器而言的。运行时,内存储器与外存储器交换数据和程序,又将数据、程序与CPU进行交换,向CPU发出操作的指令和被处理的数据,再将处理完毕的数据存入外存储器。内存储器分为ROM(只读存储器)和RAM(随机存储器)两种:ROM存放计算机启动和运行的最基本的程序和参数;RAM存放正在运行的程序和中间数据。内存储器的容量等指标,也决定着计算机系统的性能和档次。

2.外部设备

外部设备是主机与外界交换信息的中介和枢纽,其配置和使用在很大程度上受到主机技术性能的制约。

①董巧仙.档案管理信息化[M].郑州:大象出版社,2008.

（1）外存储器

外存储器又称辅助存储器，简称外存，用于存放暂时不用、需要长期保存的数据和程序。外存可以根据需要，批量地与内存交换数据和程序。外存向内存传输数据称为“读”数据，内存向外存传输数据称为“写”数据。外存储器主要有磁盘、磁带、光盘、闪存、磁卡等。

存储器的主要技术指标是容量。存储器容量是指存储器存放数据的总量，以字节（Byte）为单位，缩写为B。一个B通常由8个二进制位组成，16个二进制位合成一个字（Word）。存储器容量通常以KB（1KB=1024B）、MB（1MB=1024KB）、GB（1GB=1024MB）、TB（1TB=1024GB）为单位。随着存储技术的发展和大数据时代的到来，计算机容量单位也越来越海量化。目前，还有更大的容量单位，如PB（1PB=1024TB）、EB（1EB=1024PB）和ZB（1ZB=1024EB）等。

外存储器的选择和配置是档案信息化基础设施建设的主要内容，是存储档案数据的主要载体。

（2）输入设备

输入设备是将外部世界的数据输入计算机系统的设备。目前常用的输入设备有键盘、鼠标、话筒、摄像头、扫描仪、翻拍仪、触摸屏、无线射频识别等。

传统的输入设备是键盘和鼠标。键盘按应用可以分为台式机键盘、笔记本电脑键盘；按工作原理可以分为机械键盘、塑料薄膜键盘、静电电容键盘。其中，机械键盘价格低，易维护，使用普及；薄膜键盘无磨损，价格低，噪音低，应用广泛；电容键盘经久耐用，手感好，代表了键盘技术的发展方向。鼠标按工作原理可以分为机械式鼠标和光电式鼠标；按是否接线可以分为有线鼠标和无线鼠标。

随着多媒体技术、图像技术的发展，话筒、摄像头、扫描仪等输入设备的应用日益普遍。话筒又称传声器，是声电转换的器件，按转换方式可以分为动圈话筒和电容话筒；摄像头是一种影像信息输入设备,可分为数字摄像头和模拟摄像头两大类,被广泛应用于数码照相、录像等;扫描仪、翻拍仪是纸质载体信息模数转换设备,也是档案数字化的重要工具。

随着手机、平板电脑等移动终端的发展,触摸屏的应用也极其广泛,并给计算机用户带来了崭新的体验。

(3)输出设备

输出设备是将计算机系统的数据进行输出的设备,与输入设备一起,构成计算机与外部世界交换信息的通道。常用的输出设备有显示器、扬声器、打印机等。

显示器是显示计算机处理结果的器件,主要有CRT(阴极射线显像管显示器)、LCD(液晶显示器)、LED(发光二极管显示器)、PDP(等离子显示器)四种。其中LED以其色彩鲜艳、动态范围广、亮度高、寿命长、工作稳定可靠等优点,被广泛应用于大型广场、商业广告、体育场馆等场所。PDP是采用等离子平面屏幕技术的新一代显示设备,其优越性是亮度和对比度高、厚度薄、分辨率高、无辐射、占用空间少、纯平面图像无扭曲,代表了未来电脑显示器的发展趋势。

扬声器(耳机)是电声换能器件,分内置扬声器和外置扬声器。外置扬声器一般指音箱,其音响效果好,而内置扬声器可以避免佩戴耳机所带来的不便。

打印机是将计算机处理结果输出在纸张等介质上的器件,一般分为针式、激光式、喷墨式、热敏式等。

3. 网络设备

网络设备是指用于网络连接、信号传输和转换的各类传输介质和网卡、集线器、交换机、路由器、光电转换等设备。

(1)网络传输介质

网络传输介质是指在网络中传输信息的载体,常用的传输介质分为有线传输介质和无线传输介质两大类。

有线传输介质是指在两个通信设备之间实现物理连接的部分，它能将信号从一方传输到另一方。有线传输介质主要有双绞线、同轴电缆和光纤等，双绞线和同轴电缆传输电信号，光纤传输光信号，具体说明如下。

第一，双绞线，由两根具有绝缘保护层的铜导线相互缠绕而成，一般用于星形网络拓扑结构中。与其他传输媒介相比，双绞线在传输距离、信道宽度和数据传输速度等方面均受到一定的限制，但价格低廉，使用方便。

第二，同轴电缆，其中心有一根单芯铜导线，铜导线外面是绝缘层，绝缘层外面有一层导电金属，用于屏蔽电磁干扰和防止辐射，最外面的绝缘塑料起保护作用。与双绞线相比，同轴电缆的抗干扰能力很强、屏蔽性能好、传输距离长，常用于设备与设备之间的连接。

第三，光纤，又称光缆，是一种传输光束的细微而柔韧的介质，由一捆纤维组成，通过数据包在玻璃纤芯中的传播实现信息传播，是目前实现长距离、大流量数据传输的最有效的传输介质。光缆传输过程中信息衰减小、频带宽、电磁绝缘性能好、距离长，目前已经广泛应用于主干网的系统连接和数据传输。

无线传输介质是指我们周围的自由空间，即利用无线电波在自由空间的传播，实现多种无线通信。在自由空间传输的电磁波根据频谱分为无线电波、微波、红外线、激光等，信息被加载在电磁波上进行传输。不同的传输介质，其特性也各不相同。它们的特性对数据通信质量和通信速度有较大影响。

(2)网卡

网卡又称网络适配器、网络接口卡，是将计算机等网络设备连接到某网络上的通道。网卡的主要功能是实现数据转换、数据包的装配与拆装、网络存取与控制、数据缓存等。网卡一般插在计算机主板的扩展槽内，通过收发器接口与缆线连接，缆线另一头接在信息插座或交换机上使计算机联网。

(3)集线器

集线器是基于星形拓扑的接线点。其基本功能是分发信息,即将一个端口接收的信号向所有端口分发出去。一些集线器在分发之前将弱信号重新生成,一些集线器整理信号的时序,以提供所有端口间的同步数据通信。目前,集线器已基本被成本相近的小型交换机所替代。

(4)交换机

交换机是一种用于电信号转发的网络设备。它可以为接入交换机的任意两个网络节点提供独享的电信号通路,具有提供桥接以及在现存网络上增加带宽的功能。

(5)路由器

路由器是连接互联网中各局域网、广域网的设备,它会根据信道的情况自动选择和设定路由,以最佳路径、按前后顺序发送信号。目前路由器已经广泛应用于各行各业,各种不同档次的路由器已成为实现各种骨干网内部连接、网间互联和骨干网与互联网互联互通业务的主力军。无线路由器是指带有无线覆盖功能的路由器,实际是一个转发器,将宽带网络信号通过天线方式转发给附近的笔记本电脑、平板电脑、手机等无线终端设备。

(6)光电转换器

光电转换器是一种类似Modem(数字调制解调器)的设备,和Modem不同的是,它接入的是光纤专线,是光信号。在远距离传输信号时,把电脑、电话或传真等产生的电信号转换成光信号后在光纤里传播,这就需要光电转换器,它既可以把电信号转换成光信号,也可以把光信号转换成电信号。

还有一种光纤收发器,也被称为光电转换器,是一种将短距离的双绞线电信号和长距离的光信号进行互换的以太网传输媒体转换单元。这种设备一般应用在以太网电缆无法覆盖、必须使用光纤来延长传输距离的实际网络环境中,且通常定位于宽带城域网的接入层应用,将光纤最后一公里线路连接到城域网或更外层的网络上。档案部门在进行网络化基础设施建设时,不但要关注路由器、交换机乃至网卡等用于节点数据交换的网络设备,也要关注介质转换这种非网络核心设备。

(二)软件系统

1.系统软件

系统软件包括操作系统、数据库管理系统和各种工具软件等。

(1)操作系统

操作系统是管理计算机硬件资源,控制其他程序运行并为用户提供交互操作界面的系统软件的集合。操作系统是计算机系统的关键组成部分,负责管理与配置内存、决定系统资源供需平衡调剂的优先次序、控制输入与输出设备、操作网络与管理文件系统等基本任务。操作系统按照应用领域可分为桌面操作系统、服务器操作系统和嵌入式操作系统。

桌面操作系统主要用于个人计算机,个人计算机主要有两类:PC机与Mac机。PC机一般使用Windows操作系统;Mac机使用基于Unix操作系统的Mac OS操作系统。Windows操作系统有Windows 10、Windows NT等;Unix操作系统主要有Mac OS X、Linux发行版等。

服务器操作系统一般指的是安装在大型计算机上的操作系统,比如Web服务器、应用服务器和数据库服务器等。该操作系统主要有三类:一是Unix系列,包括SUN Solaris、IBM-AIX、HP-UX、FreeBSD等。二是Linux系列,包括Red Hat、CentOS、Debian、Ubuntu等。三是Windows系列,包括Windows Server 2008、Windows Server 2008 R2等。

嵌入式操作系统是根据计算机应用的特定需要,如智能手机的应用,专门设计并嵌入在特定终端中的操作系统。这类操作系统广泛应用于数码相机、手机、平板电脑、家用电器、医疗设备、交通灯、航空电子设备和工厂控制设备等各种电子设备。常用的嵌入式操作系统有

Linux、Windows Embedded、VxWorks等，以及广泛应用在智能手机或平板电脑等电子产品上的Android、iOS、Symbian、Windows Phone和Black Berry OS等操作系统。

（2）数据库管理系统

为了使用计算机有效地管理和利用信息，人们需要将某些相关数据，如文书档案、科技档案的目录数据，按一定的方式进行组织管理，这就需要使用数据库和数据库管理软件。

数据库可以简单定义为：以一定组织方式存储在一起的相关数据的集合。这些数据具有一定的结构、尽可能小的冗余度，与应用程序彼此独立，并能为数据库管理系统的所有用户共享。在信息化社会，数据库技术是各类信息系统的核心，是科学管理和有效利用信息资源的重要技术手段。数据库管理必须借助专用的软件——数据库管理系统。

数据库管理系统（Database Management System，DBMS），是操作和管理数据库的一组软件，用于建立、使用和维护数据库。DBMS具有以下功能：①描述数据库，运用数据描述语言，定义数据库结构；②管理数据库，控制用户的并发性访问、数据存储与更新，对数据进行检索、排序、统计等操作；③维护数据库，确保数据库中数据的完整、安全和保密，管理数据备份和恢复、数据库性能监视等；④数据通信，利用各种方法控制数据共享的权限，在确保数据安全的前提下广泛共享数据。

数据库按结构不同一般分层次型、网络型和关系型三种。目前，常用的数据库管理系统主要是指关系型数据库管理系统（Relational Database Management System，RDBMS），主流产品有SQL Server、Oracle、Sybase、FoxBase和Informix等。

选择RDBMS的目的是存储档案目录数据和电子文件原文数据，实现对档案数据的有效管理。为适应档案业务管理需要，选择RDBMS主要考虑以下几个重要因素：①档案管理软件所采用的数据库管理系统；②数据库管理系统在数据库建立、数据备份、分布式数据存储与管理等方面的功能；③数据库管理系统使用的方便性、易操作性、兼容性与可维护性；④数据库管理系统所能提供的大文本存储、全文检索等功能；⑤数据访问是否遵循统一的标准、是否可以实现与其他格式数据库文件的转换。

我国档案信息化建设早期多数应用FoxBase关系型数据库管理系统，以至于许多单位的早期档案数据库都以DBF格式保存。该数据库管理系统在20世纪80年代中期PC机中占主导地位（市场占有率高达80%～85%），相继经历了dBASE Ⅱ、dBASE Ⅲ、dBASE Ⅳ、FoxBase、FoxPro、Visual FoxPro等发展历程。其中，Visual FoxPro（VFP）经过不断改良和版本升级后，VFP 6.0及其中文版被广泛使用，它是32位数据库开发系统，不仅使组织数据、定义数据库规则和建立应用程序等工作变得简单易行，并支持过程式编程技术，而且在语言方面作了强大的扩充，支持面向对象可视化编程技术，并拥有功能强大的可视化程序设计工具。

（3）各种工具软件

软件工具是指为支持计算机软件的开发、维护、模拟、移植或管理而研制的软件系统。它是为专门目的而开发的，在软件工程范围内也就是为实现软件生存期中的各种处理活动（包括管理、开发和维护）的自动化或半自动化而开发的软件。开发软件工具的最终目的是提高软件生产率和改善软件运行的质量。

工具软件按照软件工程建设阶段可分为六类：模拟工具、开发工具、测试和评估工具、运行和维护工具、性能质量工具以及程序设计支持工具。此外，还有许多辅助特定业务处理的工具软件，常用的有：办公软件（如微软Office）、媒体播放器（如暴风影音）、媒体编辑器（如会声会影）、媒体格式转换器（如格式工厂）、图像浏览器（如ACDSee）、截图工具（如HyperSnap）、通信工具（如QQ）、翻译软件（如金山词霸）、防火墙和杀毒软件(如金山毒霸)、阅读器(如CAJViewer)、输入法(如搜狗输入法)、系统优化/保护工具(如Windows优化大师)、下载软件(如迅雷)等。档案工作者熟悉和善于使用这些工具软件,往往可以解决档案业务中的一些大问题,起到“四两拨千斤”的效果。

事实上,Windows等操作系统也附带一定的工具软件,如负责系统优化、系统管理的软件,这一类的软件被称作系统工具。顾名思义,与系统软件类似,系统工具作用于系统软件,而不是应用软件。常见的有系统优化(磁盘的分区、磁盘的清理、磁盘碎片整理等)、系统管理(驱动程序等)以及系统还原等软件。

2.应用软件

系统软件的特点是通用,它并不针对某一特定应用领域。而应用软件的特点是专用,即针对特定的管理业务,并应用于某些专用领域的信息管理。如用于政府信息化的电子政务系统;用于企业信息化的电子商务系统;用于辅助行政办公和决策的办公自动化系统;用于机关档案室信息化的数字档案室系统;用于档案馆信息化的数字档案馆系统等。这里所指的应用软件具有以下特点:①在特定的操作系统环境下,运用特定的软件工具研制而成;②针对特定的信息处理需求和管理业务需求进行设计开发,且应用于特定的专业领域、行业、单位,或辅助特定的管理业务。

第二节 信息化与档案工作

档案信息化不是简单地用计算机替代传统的手工作业,也不是将传统的管理方式复制到信息化平台上去。其本质是档案工作和信息技术的结合,其成功与否也取决于这两者的融合情况,这种融合从概念到实践都是一场深刻的革命,赋予两者崭新的内涵。

一、档案信息化的概念

科学的定义是档案信息化实践的理论基础，有利于全面理解档案信息化的目标和任务，有利于按照信息化的客观规律推进档案事业的科学发展。什么是档案信息化？学界有多种定义，不同的视角会有不同的理解。本书采用2013年12月出版的《大辞海》中的定义："档案信息化是指在国家档案行政管理部门的统筹规划和组织下，以档案信息资源建设为核心，以信息人才为依托，以法规、制度、标准为保障，全面应用现代信息技术，不断改革传统的档案管理模式，有效提高档案信息资源收集、管理和利用服务水平，加速档案管理现代化的过程。"该定义总结了我国档案信息化的基本经验和基本规律，其内涵如下。

（一）必须由档案行政管理部门统筹规划和组织实施

档案信息化不是单纯的计算机应用，也不是具体的档案业务，而是事关全局和影响深远的复杂的系统工程。需要人才、设备、资金等多方面的支持，需要全面、持续、稳步地推进，并需要经历较长的完善过程。因此，档案信息化不能各自为政、分头建设，而必须由各级国家档案行政管理部门建立统一的规划、制度、规范、标准，实行宏观管理和监督指导。同时，需要精心组织实施，在技术平台、网络体系、组织机构、人才队伍、资源建设、基础业务、建设经费等方面提供保障，才能确保这项事业持续有效地开展。

（二）必须以档案信息资源建设为核心

从某种意义上说，档案信息化的核心目标是使档案信息"资源化"，即将档案信息转换为真正意义上的档案信息资源。资源化不是简单地将档案信息做数字化处理，也不是简单地将其放到网络上传输，而是应用信息技术，使档案信息媒体多元化、内容有序化、配置集成化、质量最优化、价值最大化，通过档案信息系统的加工处理，确保各种社会信息的真实、完整、有效，便于跨越时空广泛地共享利用，在实现档案信息增值的同时，承担起传承人类记忆的历史使命。

（三）必须建立高素质的档案信息人才队伍

档案信息化是档案专业、信息专业和计算机专业的结合，属于技术密集和知识密集型专业。传统的档案干部队伍结构和人员知识结构已经不能完全适应档案信息化的需要。目前，档案部门缺乏档案专业和信息技术专业的复合型跨界人才，特别是中、高级信息技术专业人才，这已经成为制约档案信息化深入发展的瓶颈。因此，推进档案信息化工作，一方面，要引进和培养相关人才；另一方面，要通过建立有效的激励机制，鼓励档案人员学习信息技术知识，提升档案信息化水平。

（四）必须在法规、制度、标准方面建立相应的保障体系

信息技术的应用必然向传统的保障体系提出全面的挑战。只有根据信息技术的特点和应用要求，不断制定和完善档案管理的法规、制度、标准、规范，才能确保档案信息系统的科学建设和有效运行。

（五）必须全面应用现代信息技术

信息技术具有强大的潜能，只有全面、成功地应用才能真正将技术转化为生产力。所谓全面应用，有三层意思：①与档案工作有关的各个工作部门和人员都要参与应用，而不是仅靠档案业务人员应用；②应用于档案全过程管理的各项业务，而不是只应用于单项业务；③引进、消化、吸收各种先进、适用的信息技术，并不断跟踪和应用新兴的信息技术，使信息技术真正成为档案事业发展的不竭动力。[①]

（六）必须改革传统的档案管理模式

传统的档案管理模式建立在手工管理基础上，必然会出现与信息技术应用不相适应或不相匹配的问题。应当不断改革传统的档案管理模式，适应信息技术环境下的新型档案管理模式，而不能消极地让新技术适应传统的档案管理模式，这样才能最大限度地发挥信息技术应用的效能。

---

①金波，张大伟．档案信息化建设[M]．上海：上海教育出版社，2016.

(七)必须树立强烈的效益意识

档案信息化不是表演,不能徒有虚名,而要遵循经济规律,力争取得务实的效果。当然,档案信息化很难估量直接的经济效益。但是,在产出效果方面,要努力追求社会效益、长远效益。档案信息化工作要树立大目标,不能满足于一般的省人、省事、省力,而要致力于解决传统档案管理中遇到的收集难、著录难、整理难、保管难、内容检索难、多媒体编研难,以及电子文件的保真、保密、保用等问题,力争提升档案科学化、规范化的管理水平和服务水平,在促进社会进步、经济发展、文化繁荣以及法制化、民主化进程中建功立业。

档案信息化的概念是在档案工作与信息技术相结合,档案管理理论研究和实践推进相结合的过程中逐步形成的。档案界曾经有过许多与档案信息化类似或相关的概念,都强调了某些侧面。如“档案管理自动化”,它强调包括微机、微电子、缩微、复印、传真等自动化技术在档案管理中的应用;“计算机辅助档案管理”,它强调应用计算机人机交互、对话的方式,辅助档案管理的各项业务工作;“档案现代化管理”,除了强调档案管理应用计算机技术,实现管理手段的现代化以外,还强调档案管理理念、体制、方法的现代化。这些与档案信息化相关的概念的形成,都是计算机技术及其在档案工作中应用状态、发展水平的标志,既反映了档案信息化理论研究和实践探索的阶段性成果,也反映了我国档案信息文化发展的轨迹。

二、档案信息化历程回顾

我国档案信息化自20世纪80年代起步以来,经历了从弱到强、从低端到高端、从分散到整合的发展过程,取得了长足的进步。迄今为止,大致可以划分为三个阶段。

(一)探索起步,奠定基础阶段(20世纪80年代)

这一阶段,计算机软硬件技术还处于初级阶段,数字化和网络化从概念到技术还未成熟,也未被大众认识。此时的档案信息化工作被称为“档案计算机管理”“档案管理自动化”或“计算机辅助档案管理”，强调运用计算机技术改善和辅助传统的档案管理。档案馆信息化工作起步较早。1979年起，中央档案馆、中国人民解放军档案馆、国家档案局档案科学技术研究所等机构率先购置计算机设备，开始了档案管理自动化课题的研究和实验。至1985年年底，全国已有20多个档案馆成功开发并运用计算机辅助档案管理系统。企业档案部门对计算机应用热情高，至20世纪80年代末，已有企业研制出一批计算机辅助档案管理系统、文档一体化管理系统，利用技术创新和管理改革的结合充分发挥计算机应用效益。这些探索应用为我国档案信息化积累了宝贵的档案数据库资源，培养了一批热衷于信息技术的业务技术骨干，也推进了档案信息化理论的发展。

我国档案信息化起步较早、发展较快主要得益于：①微机技术迅猛发展，并在档案部门迅速普及；②全国开展档案工作恢复整顿和升级达标活动，计算机应用被纳入档案工作升级达标考核指标；③通过升级达标，各单位普遍建立健全了档案管理规章制度和规范标准，提高了档案的内在管理质量，为档案信息化奠定了基础。

（二）项目带动，重点突破阶段（20世纪90年代）

从20世纪90年代开始，办公自动化技术的广泛应用，极大地激发了广大档案工作者应用信息技术的热情和需求。1993年，随着国家经济信息化战略的启动，电子政务系统的应用催生了大量电子文件。1996年，国家档案局成立了“电子文件归档研究领导小组”，开始对档案信息化建设进行宏观规划。全国档案部门以需求导向、以项目带动，研制出一大批各具特色的档案信息系统，积极开展档案科研，成功地应用了光盘、多媒体、CAD、条形码、数字水印、图像处理等技术。系统建设从单点应用到联网应用，从单项应用到综合应用；从归档后管理到文件的前端控制和全过程管理；从单纯模拟传统管理方式转向改革管理适应计算机技术应用；从对档案实体的管理转向对档案信息的管理;从封闭式应用转向开放式应用。文档一体化管理系统与电子政务、电子商务、企业信息化、办公自动化系统相连接,向着功能综合化、性能成熟化、管理专业化、传播网络化方向发展,计算机技术的应用效益进一步显现。

(三)宏观管理,全面推进阶段(21世纪以来)

进入21世纪,国家档案局加强对档案信息化的宏观管理,并将其纳入国民经济和社会信息化的总体规划。2001年,国家档案局、中央档案馆颁发《档案管理软件功能要求暂行规定》,对档案管理软件的开发研制和安装使用进行了严格规范。2002年,国家档案局发布了《全国档案信息化建设实施纲要》,对档案信息化建设进行战略布局;同年,国家标准《电子文件归档与管理规范》(GB/T 18894—2002)发布,推动了我国电子文件管理工作的开展。2003年,国家档案局第6号令公布了《电子公文归档管理暂行办法》。2004年11月,国家信息化领导小组会议纪要中明确把档案信息化列入国家信息化基础信息库的建设计划。2006年,国家档案局印发的《档案事业发展“十一五”规划》中,将“建设较大规模的全国性、系统性、分布式、规范化的档案信息资源库群,建立一批电子文件中心和数字档案馆,实现档案信息资源社会共享”作为总体目标之一。2010年,国家档案局发布了《数字档案馆建设指南》,为各级档案馆推动馆藏档案资源数字化、增量档案电子化,逐步实现对数字档案信息资源的网络化管理,以及分层次多渠道提供档案信息资源利用和社会共享服务提供了参考和依据。2011年,《全国档案事业发展“十二五”规划》将“加快数字档案馆及电子文件(档案)备份中心建设,完成国家数字档案馆建设总体规划的编制工作,对电子档案进行安全有效的管理”作为主要目标之一。2014年,国家档案局发布了《数字档案室建设指南》,推动数字档案室建设的开展。

在国家档案局的统一规划和规范指导下,我国档案信息化向纵深发展。档案馆(室)电子文件归档管理、电子档案移交进馆、档案目录中心建设、馆藏档案数字化、档案公共网站建设，以及数字档案馆、数字档案室建设等广泛开展。以档案馆室联动、馆社（社区）联动、馆际联动为标志的集成化数字档案馆和数字档案室系统相继建立，各自为政、分头建设的应用局面有所改变。在档案信息资源整合的基础上，档案信息共享范围有所扩大，数字档案信息资源的安全控制能力和有效服务能力进一步增强，通过档案信息化和社会信息化同步推进，促进了档案事业和社会各项事业的联动发展。

这一阶段的档案信息化建设具有以下特点：一是突出了归档电子文件管理，并延伸到多媒体档案和电子文件的内容管理。二是充分借助局域网、政务网和互联网平台，实现各级档案部门以及文件形成部门的互联互通、数据交换和共享，形成区域性的档案信息资源库。三是信息来源大大拓展，可以利用各种技术手段，实现有价值的档案信息资源（包括实体和电子）的采集和接收，既解决了原业务流程以单一传统载体为管理对象的局面，也大大丰富了档案信息资源库。四是服务水平显著提升，通过对档案信息资源的深度挖掘，提炼出不同角度和不同用途的信息资源，通过不同途径、面向不同用户提供全方位、多角度、深层次的档案信息服务。五是数字档案馆（室）建设如火如荼。六是逐步建立和完善了档案信息化的宏观管理体系，国家层面的档案信息化纲要、制度、规范、标准相继颁布，其他档案工作规划、制度、规范、标准也都融入了有关档案信息化的要求。

三、档案信息化的意义

档案信息化建设无论对于档案事业自身发展，还是社会信息化发展都具有十分重要的现实意义和深远的历史意义。

（一）是社会信息化建设的客观要求

人类已经步入信息化社会。信息化已经成为衡量一个国家、地区、企业或专业综合实力的重要标志，各行各业都在贯彻实施信息化战略。档案事业发展也必须主动适应时代潮流，搭上信息化快车，加快现代化步伐。

社会信息化包括政府、企业、家庭、社会保障体系四大领域的信息化。这四个信息化都离不开档案信息化，因为这些领域的信息化已经或正在形成浩瀚的电子文件，这些新型文件打破了纸质媒体“一统天下”的局面，使信息的存储媒体、传播媒体、表现媒体呈现多元化发展态势。新媒体与传统媒体相融合，深入社会生活的各个领域，深刻地改变着人类的生存环境和生活方式，并留下精彩纷呈的数字记忆。这些记忆是社会的宝贵财富，迫切需要实行档案化管理，即采用信息技术手段进行收集、整合、保管和共享利用，以提高其整合度，延长其价值链，促进社会的全面、协调、可持续发展。因此，档案信息化是时代和社会信息化发展的客观需要。

（二）是档案工作现代化的必由之路

档案工作现代化是指用科学的思想、组织、方法和手段，对档案工作进行有效管理，使之获得最佳的工作效率以及最好的经济效益和社会效益的过程。信息化与档案工作的结合，不仅能减轻手工劳动、提高工作效率，而且能全面优化档案工作的各个要素，全面提升档案管理水平。

1.“信息化”观念

信息化是一个充满生机和活力的领域，也是公开、公平的人类活动平台。信息技术的应用，可以使档案工作者不断破除封闭、狭隘、守旧、畏难的落后观念，激发出开拓、开放、效益、效率、服务等先进意识，弘扬追求理想、崇尚科技、奋力改革、务实创新、图存图强、团队作业的精神风貌，营造尊重知识、尊重人才、鼓励创新的社会氛围，为档案事业的持续发展赋予强大的正能量。

2.“信息化”资源

档案信息资源是档案管理的基础、档案使用的源头。按照档案信息化的要求，需要收集电子档案、将存量纸质档案转化为数字化档案、建设档案信息资源总库。做好这些工作，就能逐步解决目前馆藏档案中存在的载体单一、门类不全、存储无序、利用不便等难题，显著增强档案资源的丰裕度、适用度、有序度、集成度、可靠度，使档案管理从实体管理转变为内容信息管理，再转变为知识管理，更好地满足社会大众不断增长的档案信息利用需求。

3.“信息化”管理

信息技术的应用，会暴露出传统管理模式的弊端，向传统管理模式提出挑战，从而促使档案管理部门加快建立与信息技术应用相适应的档案管理原则、体制、机制、规范和考核体系，加强档案收、管、用等各项基础工作，以保障档案信息化的顺利实施和有效建设。信息化管理水平越高，对改革传统管理观念和模式的要求也越高。因此，档案信息化的推进必将全面、持续地提升档案管理的现代化水平。

4.“信息化”技术

先进和适用的技术永远是档案信息化发展的强大动力。然而，先进和适用有时会产生矛盾，只有进行档案信息化实践，才能使技术的先进性和适用性取得统一，产生效益；才能持续激励档案工作者关注、引进、吸收新兴的信息技术。事实证明，档案信息化一方面能促使先进的信息技术与档案管理有机结合，对档案管理和档案管理工作产生带动和增值作用；另一方面也会使信息技术在档案需求的导向下日臻完善，促进信息产业的发展。

5.“信息化”人才

信息化是技术密集型、知识密集型的事业，档案信息化对高素质人才具有依赖性。一方面，档案信息化促使我们去选拔和培养优秀人才，更新档案人才队伍的专业结构和知识结构，并合理地组织和使用人才，最大限度地调动人才的积极性；另一方面，档案信息化的理论研究和实践锻炼，又为人才的培养和能力的发挥提供了机会和舞台，使越来越多热衷于、尽心于、擅长于信息技术的档案人才脱颖而出。

(三)是提高档案服务水平的必然选择

在传统的管理方式中,档案人员借助简单工具,通过手工方式对档案实体进行收、管、用。其局限性在于:①只能通过整理、存放、调用和传递档案实体(如文件、案卷、卷盒)的方式管理和利用档案的内容;②用户利用档案,只能实时(上班时间)、实地(在阅览室)调用档案实体(案卷)进行查阅;③档案信息难以脱离档案实体,灵活、高效地跨越时空广泛共享。信息化时代的档案利用可以突破原有档案利用的局限,提高档案信息资源利用效率。

1. 直接查阅内容

电子档案信息内容和实体的可分离性,使我们可直接对档案信息内容进行灵活地分类、排序和组合,利用计算机检索途径多、能力强的优势,快速查找需要的信息,同时还能实现对档案信息内容的全文检索。

2. 提供多媒体信息

档案信息化建设可以采用多媒体技术,提供声情并茂、图文并茂的多媒体档案信息,真正做到让记忆说话、让记忆显影,生动逼真地还原历史。

3. 跨越时空障碍

档案信息化系统可以借助互联网,将任何档案信息,在任何时间传递到任何地点的任何人手中,彻底打破了档案信息传递的时空障碍,实现"全天候"服务。

4. 实现联动服务

通过网络将档案服务的主体,包括档案馆、档案室、社区事务受理服务中心的档案资源连成整体,通过数据集成的手段,在馆室联动、馆社联动、馆际联动的基础上,实现档案信息的"一站式""一口式"或"一门式"服务,联动服务在民生档案服务中特别有效。

5. 服务的多样性

信息技术,特别是网络技术的应用,极大地拓宽了档案服务主体、服务对象、服务手段、服务形式和服务媒体,如网站查询服务、电话咨询服务、微博微信服务、个性化推送服务、主题展览服务等,使服务真正做到以用户为中心,以需求为导向,进一步改善档案部门的服务形象。

第三节 档案信息化的战略与任务

档案信息化不是一般意义上的档案工作,而是档案事业发展的战略性举措,是关于档案事业发展的全局性、长远性谋划。战略思维是大智慧、战略谋划是大手笔,只有战略正确、任务明确,才能保障档案信息化既好又快地发展。[①]

一、档案信息化发展战略

档案信息化的标志性发展战略是2002年国家档案局颁发的《全国档案信息化建设实施纲要》。该纲要不但明确了"十五"期间全国档案信息化建设的指导思想、建设目标和主要任务,也为今后制定发展战略奠定了基础。2016年国家档案局颁发的《全国档案事业发展"十三五"规划纲要》强调,到2020年,初步实现以信息化为核心的档案管理现代化,基本建成与全面建成小康社会相适应、有效服务国家治理和"五位一体"建设的档案事业发展体系。档案信息化的战略实施,即发展策略主要有以下几个方面。

(一)制定国家档案信息化发展专项规划

档案信息化建设作为国家档案事业发展的有机组成部分,在国家档案"三个体系"建设中举足轻重,其发展水平直接制约着"三个体系"建设效果。在科学制定国家档案事业发展规划的基础上,须同步配套

①马长林,宗培岭.档案馆信息化建设探论[M].上海:上海社会科学院出版社,2006.

制定《国家档案信息化发展规划》和《国家档案信息化中长期发展计划》作为专项规划，其目的是总结过去的经验教训，解决现有档案信息化建设中存在的问题，确保档案信息化建设协调有序地向广度和深度推进。国家档案信息化发展专项规划要研究档案信息化建设的战略定位和目标，明确实施阶段、落实任务完成的配套保障措施，做好与档案事业发展规划和国家信息化建设规划的相互衔接，把档案信息化建设的重大战略、重点项目、改革试点和政策要求纳入国家和各行业、各层面的规划中，并把解决档案信息化建设中突出矛盾的措施落实到具体的项目上。

（二）加快档案信息化法规与标准体系建设

档案信息化工作要强化顶层设计的理念，加强立法、完善标准规范体系，使档案信息化工作有法可依、有章可循。档案工作肩负保存社会记忆的历史使命，与档案信息化“入法”相配套的是建立和完善档案信息化标准规范体系，包括基础标准、管理标准、业务标准、技术规范和专项标准等，使档案信息化成为技术标准清楚、质量要求准确、可操作性强的建设项目。

（三）加快“三个体系”建设

“三个体系”是指“建立健全覆盖人民群众的档案资源体系、方便人民群众的档案利用体系、确保档案安全保密的档案安全体系”。三者是相互联系、相互作用、相互影响的。其中，档案资源体系是基础，是根本；档案安全体系是保障，是为档案资源体系和档案利用体系服务的；档案利用体系是目的，是归宿，是档案事业发展的效益工程。“三个体系”建设既与档案信息化密切相关，又为档案信息化发展指明了方向。

档案资源体系建设是档案信息化的核心内容。应加大建设力度，初步形成完整配套的档案信息资源体系。在加快传统档案数字化步伐的同时，加大对新生电子文件规范化的监督和控制，建立电子文件归档及电子档案接收应用系统，推进电子文件归档和电子档案的接收、保管与利用。要逐步建设全国性可共享的档案目录数据库、纸质档案全文数据库、电子档案数据库和多媒体档案数据库。还要加大对档案信息资源的整合力度，一方面加强各部门档案信息资源的纵向整合，另一方面加大与其他相关信息系统之间的横向整合，实现档案信息资源的共建共享。

档案利用体系建设是档案信息化的服务内容。通过建立档案信息共享通道和服务平台，拓展档案信息服务社会的渠道，强化档案信息资源共享机制，逐步减少“信息孤岛”，加快档案信息资源的开发利用，挖掘档案信息利用服务的社会效益和经济效益，建立高效、优质、快捷的新型档案利用服务体系。

档案安全体系建设是档案信息化的重大课题。档案部门必须始终坚持把档案信息安全与档案实体安全放在同等重要的位置，通过提高认识、强化管理、采用先进技术和各种有效措施保障档案信息安全，确保数字档案和电子档案内容真实、长久可读和有效利用。

（四）加强档案信息化的理论体系研究

档案信息化建设发展至今，已到了强烈呼唤先进理论的时候，这种“倒逼”现象，是由信息化建设“技术引领需求”的特有规律所决定的。档案信息化建设之初，大家都尝试将传统档案管理基本理论运用到信息化建设实践中。随着实践不断深入、范围不断扩大，目前档案信息化建设遇到了“瓶颈”，这在一定程度上是由于缺乏相应的理论指导，导致法律法规不健全、标准不配套、研究方向不明确、管理对象不明晰等问题出现。数字档案馆、电子文件中心、档案信息服务体系、档案信息利用体系、档案信息安全保障等档案信息化建设中的热点、难点问题，也需要基础理论来支持。档案信息化理论研究要立足于档案工作实践、行业特点、专业特色，探索档案信息化发展规律，构建系统的、具有中国特色的档案信息化理论体系，引领、指导档案信息化工作。

(五)推进档案信息化成果共享与交流

档案信息化建设应本着成果资源共享的原则,有效整合政府、院校、企业的智力资源,积极吸纳和采用具有全国推广价值的档案信息化技术研究成果,减少项目重复建设,节约国家投资。国家应对已经实施档案信息化建设的单位加强经验总结和理论研究,搭建一个交流平台,把取得的成果在档案业界进行推广和共享。另外,在具体项目建设过程中,要立足实践应用,合作攻关,充分吸纳先进信息技术的成果,优化建设中的各种技术方案和各种技术选型要求,解决具体的关键技术应用问题,注重使用标准规范的研究成果,引导市场,重点培育精通档案信息化建设业务的IT企业。

(六)探索档案信息化建设评估体系

档案信息化建设是一项系统工程,涉及的范围很广,它几乎涵盖了档案业务建设的所有内容。在档案信息化建设过程中,若要确保建设质量,弄清建设中的短板或缺项,就需要对档案信息化建设实施评估。评估作为一种控制手段,需要建立一套科学、合理、可行的评估体系,该体系需要从系统论的角度考虑,全面分析评估体系的各个构成要素,合理设置评估指标,综合考虑档案信息化建设成效,尤其是最后的评价结论要成为推进和改进档案信息化建设的重要参考依据。

二、档案信息化建设的主要任务

2002年,国家档案局颁发的《全国档案信息化建设实施纲要》将档案信息化建设任务归纳为以下六项内容。

(一)档案信息化基础设施建设

基础设施是档案信息资源收集、管理、开发利用的物质基础和技术条件,主要包括计算机和网络的软硬件系统、数据库管理系统、网络系统,以及计算机用房设施等。基础设施应当从先进性和适用性相统一的原则出发,按照档案信息化建设的规划和应用系统建设的实际需求，进行采购、配置和安装。目前，全国尚无统一的档案信息化基础设施建设规划，应强调将档案信息化基础设施建设纳入本地区、本行业、本单位信息化发展总体规划，与电子政务、电子商务、办公自动化等基础设施共同建设，形成统一的系统平台和设备环境，以便获得必要的资金、技术支持，相互协调发展。

（二）档案信息资源建设

档案信息资源是国民经济和社会发展的战略资源，档案信息资源建设的任务包括三个方面：一是开展档案目录和全文信息资源总库建设，满足机读目录检索和共享利用的需要。二是加快馆（室）藏档案的数字化工作，加强对珍贵档案的保护，满足档案内容网络查询利用的社会需求。三是加强电子文件归档和电子档案移交进馆，将具有档案价值的电子文件收集好、管理好和利用好。档案信息资源建设应当与数字档案馆、数字档案室，以及社会公共信息库、所属单位管理信息库的建设相结合，充分实现资源的无障碍传输、互联互通和共享利用。

（三）档案管理应用系统建设

档案管理应用系统建设是信息技术与档案工作需求相结合的产物，是实现档案信息化实用价值的关键环节。其主要任务包括：研制开发和推广应用相对统一、符合规范的档案管理软件，包括电子文件归档管理，数字档案馆、数字档案室、档案行政管理等软件；推进档案信息化与电子政务、电子商务、办公自动化的同步发展；建设档案网站，并与本地区、本系统各级各类档案门户网站建立链接；运用档案管理系统开展档案管理各项业务，并做好应用系统的维护。

（四）档案信息化标准规范建设

标准规范化是档案信息化建设的重要基础，要在充分调研的基础上，根据国际标准和通用规范，逐步推出适合我国国情的档案信息化标准规范。档案信息化标准规范体系包括管理型、业务型和技术型三种，其内容包括电子文件归档和电子档案管理，档案信息资源的标识、描述、加工、存储、查询、传输、转换、管理和使用等，逐步形成具有中国特色的档案信息化的标准规范体系。形成的标准规范体系应与信息源（档案生成者）、信息用户（档案利用者）的标准规范体系兼容，使分散的档案机构、档案信息系统、档案资源库集成为有机的整体，真正在跨地区、跨行业、跨层次、跨部门的广阔空间内最大限度地实现档案信息资源的广泛共享。

（五）档案信息化人才队伍建设

坚持以人为本，始终把培养人才、建设队伍、提高人的素质放在第一位。将信息技术基础知识培训列入档案干部培训教学计划；加强档案信息化建设相关技术、技能培训课程与教材的建设；加强对档案业务人员实用技术的操作培训；更新档案人才队伍的知识结构，在内部培养人才的同时，吸纳社会信息技术人才力量，形成开放式的人才队伍，形成尊重知识、尊重人才、鼓励创新、人尽其才的良好工作氛围，营造优秀人才脱颖而出、健康成长、才尽其用的政策环境。

（六）档案信息安全保障体系建设

档案信息化安全责任重于泰山。档案信息安全保障体系建设包括：建立档案信息安全保障组织体系；健全档案信息安全管理的法规制度；加强档案管理应用系统的安全管理；采取管理和技术手段确保档案信息网络传输的安全；加强对档案信息安全的行政监管和业务指导；加强档案人员的安全教育等。

第四节　档案信息化管理及其发展趋势

随着信息化时代的到来，在社会趋向于信息化发展的背景下，档案管理的信息化已成为必然趋势。就目前来看，虽然档案管理信息化已取得阶段性的进步，但一些藏匿在深处的问题也逐渐浮出水面。这就需要相关工作人员从自身角度出发，提升专业技能，不断探索出一条适应现阶段时代发展的档案化之路。

一、档案信息化管理发展趋势的相关概述

（一）档案信息化的本质

随着社会的不断进步，传统管理档案的模式已经逐渐适应不了日益增多的对档案信息的需求。不仅如此，由于过去传统档案管理的对象为纸质档案，对于分类与存放的条件都有极高的要求，严重拖慢了员工的工作效率。而档案管理信息化从根源上解决了此类问题，使档案管理工作提升了适应时代发展的能力，其工作内容主要是依托于网络技术将档案信息资源转化为数字形式储存在电脑中，以实现资源共享性与公开性的发展目标。①

（二）档案信息化的发展趋势

当前社会趋向于现代化发展的背景，给档案管理的改革提供了契机与动力，与此同时，也给档案管理工作带来了巨大的挑战。

随着档案管理信息化的进一步加深，不但能够切实提升工作人员的工作效率，同时也给档案信息资源统一、整合与共享提供了发展平台。就目前档案管理工作的现状来看，部门硬件与软件方面都基本满足了员工的工作需求，为档案管理朝向信息化发展奠定了坚实的基础。

（三）档案信息化的重要意义

档案信息化管理工作的不断深入，不但从根源上提升了管理工作的效率，同时也为传统纸质档案的保护作出了巨大的贡献。不仅如此，档案信息化的管理模式也切实推动了档案部门自身发展，为档案部门节省了大量的存储空间，同时大大降低了过去查阅档案信息资源的工作量与工作难度。从一定角度来说，档案管理信息化作为档案管理工作的必然发展趋势，也是现阶段推动社会进步的动力源泉。

---

①柳淳萍．探究档案管理的发展趋势——档案信息化[J]．黑龙江档案，2017(6)：84.

二、有效推动档案信息化管理的具体措施

(一)建立健全科学化的档案管理体系

在档案管理信息化现已成为档案管理工作发展趋势的背景下,部门管理人员也要将建立健全更为科学化、合理化的档案管理体制提到工作日程上来,进一步改善工作人员的工作环境,确保工作能够满足档案信息化与社会发展日益增长的需求,切实推动档案管理的发展进程。

(二)强化对档案信息资源的安全保障

随着档案管理信息化工作的不断深入,部门管理人员要想从根源上实现档案管理的健康发展,就要把目光锁定在强化对档案信息资源安全保障的工作上来,在基层工作人员中大力宣传保障档案信息资源安全的重要性,提升员工的职业安全意识和素养,切实保障档案信息资源的绝对安全。

(三)提升工作人员的综合能力

实现档案管理信息化不但能够提高管理工作的效率与质量,更为档案部门实现自身又好又快发展奠定了坚实的基础。因此,在现阶段的管理信息化工作中,部门管理者必须紧抓工作人员的综合能力,不仅要提升工作人员的专业技能,更要强化员工的信息化工作意识。同时,部门管理者还要认清当前社会的发展趋势,为工作人员创造先进且具备实效性的工作条件。

第二章 档案信息化基础设施建设

第一节 网络基础设施

档案信息化的网络基础设施是针对档案信息化的特殊要求而建设的档案信息收集、管理、存储、利用和传输的技术平台，它将分布在不同地域、不同部门的档案信息资源连接起来，通过信息资源的互通互联、集成共享，充分提升档案信息化的整体效能。

一、服务器

服务器是用于承担档案信息化数据存储、管理和应用系统运行的任务，具有高速度、高可靠性、高性能、大容量存储等特点，为各用户端的访问提供各种共享服务的计算机。

服务器是网络环境中的高性能计算机。所谓高性能，是指服务器的构成虽然与一般PC相似，但是它在稳定性、安全性、运行速度等方面都高于PC，因为服务器的CPU、芯片组、内存、磁盘系统等硬件配置都优于PC。服务器接收网络上的其他计算机终端（客户机）提交的服务请求，并提供相应的服务，为此，服务器必须具有承担和保障服务的能力。档案计算机网络系统建设可根据需要提供的功能、性能、数据量等配置一台或多台服务器。

（一）服务器功能的确定

服务器按照其提供的服务可以分为文件服务器、应用服务器、数据库服务器、Web服务器等。由于档案管理系统的目录和全文数据量庞大，一般来说，应配置数据库服务器或文件服务器。如果涉及多媒体档案管理，为了提高系统性能，还可以配置多媒体数据库服务器。此外，还可配置运行档案管理应用系统的应用服务器，不同级别或地域的档案部门可根据系统的规模各自配置或集中配置应用服务器。如需实现档案数据网上查询服务的，配置Web服务器；如需加强档案馆安全管理的，配置数据备份服务器；为了支持办公自动化系统中大量电子邮件发送的，也可配置专用的E-mail服务器等。

（二）服务器数量的确定

服务器数量的确定，需要根据本单位投入资金的多少、信息化应用的功能需求、数据的存储和分布要求等来考虑。原则上FTP服务器、E-mail服务器、Web服务器、内部业务服务器、数据服务器等都需要单独建设，但考虑到资金和安全等因素的限制，应至少建设一个支持办公管理的业务服务器、提供对外服务和内部公共服务及允许外网访问的公共服务器和支持档案管理工作运行并提供档案数据存储和管理服务的档案数据专用服务器。

（三）服务器性能的确定

不同架构、不同品牌、不同档次的服务器，其性能、质量、价格有很大的差别，选择服务器时要综合考虑档案业务的需求和资金条件，同时还要考虑选择能够提供良好服务的供应商。每个服务器的性能主要取决于CPU、主板和服务器芯片组的性能，服务器系统的功能与可靠性取决于每台服务器的功能和服务器集群的部署与连接方式。

（四）操作系统的选择

每台服务器上安装的第一个软件就是操作系统。它是控制和管理计算机硬件与软件资源、支持计算机联网通信、提供多种应用服务的基础软件，也是各类应用程序加载、运行的软件支撑平台。目前常用的操作系统包括Unix、Windows、Linux和NetWare等。一台服务器能够安装和兼容哪一类操作系统一般在出厂时就已基本确定，用户在选购服务器时也会连同操作系统一起购买。操作系统的选择同时还需要考虑用户所选用的核心业务系统，如档案管理信息系统的应用程序运行模式、所需要的操作系统与数据库管理系统的支撑环境等。

（五）服务器连接与工作方式的确定

为确保网络数据的安全存储与高效访问，网络上的服务器往往采用集群工作方式实现互联，具有灾难备份系统的还可能在异地建立镜像服务器系统，服务器之间的通信与数据交换方式根据业务系统的需要而定，可以是实时的，也可以是定时的。

二、终端设备

终端设备是经由通信设施向计算机输入程序、数据或接收计算机输出处理结果的设备。这里所说的终端设备主要是指用于各类用户访问服务器或进行档案信息处理工作的主机、外存储器和输入、输出设备等。其中，输入终端设备有：鼠标、键盘、手写板、话筒、摄像头、扫描仪等；输出终端设备有：显示器、音箱、打印机、传真机等；其他类别的终端设备有：无线设备、蓝牙设备、路由器、网卡、U盘、移动硬盘等。目前，档案网络终端设备的主机又称终端机，大都为PC机。影响终端机处理能力与速度的是主板、CPU、内存、显卡等组成计算机的核心部件，它的选择要根据各业务人员的工作要求进行。①

终端机从网络应用的角度又称为“客户端”。目前，常见的客户端分为两类：一是胖客户端（又称“富客户端”），是指主机配置较高档、数据处理能力较强的客户端。如一般工作中的PC机，它负责网络系统中大部分的业务逻辑处理，以减轻服务器的压力，降低对服务器性能的要求，因此对客户机的性能要求比较高。二是瘦客户端，是指数据处理能力比较弱的客户端，它基本上不处理业务逻辑，只专注于通过浏览器显示网络应用软件的用户界面，数据储存和逻辑处理基本上由服务器集中完成。网络终端机经历了从胖客户端到瘦客户端的发展

①徐春兰，韩光春，赵磊．档案管理与信息化建设[M]．延吉：延边大学出版社，2018.

历程，胖客户端是相对于传统的C/S（客户机/服务器）结构而言的，而瘦客户端一般都是相对于B/S（浏览器/服务器）结构的Web应用而言的。

目前，档案信息管理系统的网络终端大都为胖客户端，但瘦客户端在档案信息化建设中的应用前景也不容忽视。瘦客户端配置的优越性如下：①有利于档案数据的集中存储、高效管理和广泛共享利用；②有利于对档案信息共享权限的集中控制和安全管理；③有利于网络系统的维护、扩展和升级，通过即插即用的瘦客户端能提高网络维护的便捷性和可靠性；④有利于节约档案网络系统建设和维护的成本；⑤有利于云计算技术在档案网络系统中的应用。此外，瘦客户端一般不配置软驱、光驱、硬盘等部件，从而有利于隔绝病毒的来源，不易损坏，能显著提高系统的稳定性。

三、网络设备

网络设备是指用于网络连接、信号传输和转换等的各类传输介质、集线器、交换机、路由器、光电转换等设备。

为了正确配置网络设备，首先需要确定档案信息网络连接的范围。该范围需要根据档案工作的内容、档案数据共享范围和密集程度来确定，一般分为内网、专网、外网和物理隔离网四个区域。内网，即档案馆（室）的内部局域网，一般部署在一幢建筑物内部，或相临近的大楼之间，覆盖大楼的不同楼层和房间。专网，即档案工作专用网，一般部署在档案形成单位与档案室、档案馆之间，或档案馆与档案馆之间。外网，即与互联网相连接的提供对外服务的网络，主要是方便档案利用者查询档案信息。物理隔离网，是由一台或多台与任何其他网络在设备和网络线路上完全隔离的终端机或服务器系统组成的，用以存放和管理保密档案。

网络体系的结构主要有三种，不同结构有不同的特点和适用范围，也有不同的网络连接设备：一是总线结构，它是通过一根电缆，将各节点的计算机系统连接起来。该结构优点是连接简单,易于安装,传输速率较高,便于维护。缺点是任何节点的故障,都会影响整个网络的运行。这种结构适用于有10~20个工作站的小型档案馆(室)。二是星形结构,该结构将网络中的所有节点都连接到一个集线器上,由该集线器向目标节点发送数据。该结构优点是不会因一台工作站发生故障而影响整个网络。缺点是一旦集线器发生故障将影响整个网络。这种结构适用于网络节点位置分散的大型档案馆(室)。三是环形结构,该结构连接各节点的电缆一般采用光缆,组成一个封闭的环形,结构简单,相对容易控制,但由于在环中传输的信息必须经过每一个节点,任何节点的故障都会使这个网络受阻,因此在档案馆(室)网络建设中很少使用。

目前,档案馆(室)局域网中使用最多的还是以太网(Ethernet)。该网由美国Xerox、DEC和Intel公司开发,其拓扑结构是总线型或星形,传输介质可以是同轴电缆或双绞线,具有建设投资小、网络性能好、安装简单、网络互操作性强、数据传输速度快等优点,其缺点是当网络信息流量较大时性能会下降。因此,以太网被广泛应用于中小型档案馆(室)。

网络连接设备分为内网连接和外网连接两类。内网即局域网,其连接设备包括网卡、集线器、中继器、交换机等。外网即互联网,以及与互联网相连的广域网、城域网等,外网间连接设备包括网桥、路由器、网关等。网络设备还有用于保护档案数据、信息系统和网络平台安全的硬件设施及其他配套设备,如用于为终端机和服务器等数字设备提供断电保护功能,使数字设备在断电之后仍能正常运行,提升系统运行稳定性、可靠性的UPS(不间断)电源等。

第二节　数字化设备应用

本节的数字化设备是指将传统模拟档案信息转换为数字档案信息的设备。数字化设备是建设数字化文本、图像、声音和影像档案资源必不可少的设备。正确选择和使用数字化设备，直接关系到档案数字化的质量和效率。

一、纸质档案的数字化设备

纸质档案是指以纸张为载体的档案，占据了我国馆（室）藏档案的绝大多数，因此，对其进行数字化加工是档案数字化的主要任务之一。由于传统照片、底片记录的照片档案数字化与纸质档案数字化相类似，因此本节所介绍的数字化设备也包括照片、底片档案的数字化设备。

（一）扫描仪

扫描仪是利用光电技术和数字处理技术，以扫描方式将图形或图像信息转换为数字信号的设备。扫描仪是目前纸质档案数字化的主要设备，正确选择扫描仪对于提高纸质档案数字化的效率和质量十分重要。

1. 扫描仪的种类

由于广泛的社会需求，近年来，数字化扫描技术迅速发展，扫描仪的种类越来越多、用途越来越专业。目前，适用于纸质档案数字化的扫描仪主要有以下五种。

（1）平板式扫描仪

扫描分辨率在100～2400dpi，色彩位数从24位到48位，扫描幅面一般为A4或A3纸张。它的优点是扫描图像清晰、色彩逼真，不易损坏纸张；缺点是扫描速度比较慢，图像处理功能比较弱。平板式扫描仪适用于纸张状况较差的情况，如纸张过薄、过厚、过软或破碎的档案。

(2)高速扫描仪

扫描分辨率在50~600dpi。在200dpi以下,黑白或灰度扫描,每分钟可扫描90多幅影像;彩色扫描,每分钟可扫描60多幅影像。扫描幅面从小卡片到A3纸张都适用,既可单面扫描,也可双面同时扫描。它的优点是扫描速度快,图像处理功能强;缺点是扫描时容易卡纸,损坏档案,对字迹质量较差的档案不易扫描清楚,扫描后的图像处理工作量比较大。高速扫描仪适用于纸张质量状况较好的情况,比如统一A3、A4幅面的文书档案或尺寸较小的票据、单证等,也可扫描纸张较大的A4报表。

(3)宽幅扫描仪

这是一种大型的扫描仪,最大进纸宽度可达到138cm,最大扫描宽度达到130cm,扫描厚度达1.5mm。这种扫描仪分辨率在50~800dpi,有黑白、灰度、彩色等扫描模式,自带扫描和图像处理系统,具有全面支持色彩管理、快速预览、处理大型文件、改进批量扫描等功能,能有效提升扫描的效率和品质。它的优点是能扫描零号及零号以下的工程图纸,如大幅的地图、超长字画、超厚的文书档案等;缺点是扫描速度比较慢,价格比较昂贵。

(4)零边距扫描仪

扫描分辨率在100~1200dpi,有彩色、灰度、黑白三种扫描模式,可自动适应A3、A4纸张大小,可自动进行页面校正。这种扫描仪外形类似平板式扫描仪,不同的是有一侧无边框,由此适用于扫描原件不能拆除装订的图书、资料和珍贵的档案。这种扫描仪的缺点是扫描速度较慢,价格高于平板式扫描仪。

(5)底片扫描仪(简称底扫)

照片底片,又称负片或透明胶片。底片扫描仪是直接对底片进行数字化处理的扫描仪。底片扫描仪的工作原理如下:首先,由光源将光线照在欲扫描的底片上,产生表示图像的透射光;其次,光学系统采集这些光线，将其聚焦在感光器件上，由感光器件将光信号转换为电信号；最后，由扫描仪的软硬件系统将这些电信号进行模数转换及处理，并将处理结果输送至计算机进行存储。目前，市场上的底片扫描仪分专业级和普通级两种。专业级底扫一般体积较小，只能扫描底片，它采用透射光源，分辨率极高，可扫135、120底片，也可扫描10cm×13cm或者更大幅面底片，如医学底片，但价格比较贵。普通级底扫是在普通扫描仪上加透扫适配器，采用的是反射光源，分辨率也是主流扫描仪的指标，实质上是"带底片扫描功能的平板扫描仪"，价格与普通扫描仪相当，一般只能扫135底片。对于大多数档案部门来说，底片的数量不多，只要求扫描图像清晰，不追求"艺术效果"，因此，普通级底扫也是不错的选择。①

2. 扫描仪的主要性能指标

了解扫描仪的性能指标有利于正确选购适用的扫描仪设备。

（1）扫描分辨率

扫描分辨率是扫描仪最主要的技术指标，它表示扫描仪对图像细节上的表现能力，决定了扫描仪记录图像的细致度。描述分辨率的单位一般为dpi，代表垂直及水平方向每英寸显示的点的数量。分辨率越高，图像越清晰，同时数字化图像所需要的容量也越大。光学分辨率是扫描仪的光学系统可以采集的实际信息量，即扫描仪感光元件（CCD）的分辨率；最大分辨率是通过处理软件或算法可以捕获的信息量。购买扫描仪时应当首先考虑光学分辨率指标，因为它不仅决定了扫描仪对原始图像的最大感知能力，还决定了扫描仪的价格档次。当前市场上扫描仪的光学分辨率一般有300×600dpi、600×1200dpi、1000×1200dpi等类型。

扫描的分辨率越高，扫描图像的品质越高，但这是有限度的。当分辨率大于某一特定值时，只会使图像文件增大而不易处理，并不能

①颜祥林. 数字档案馆项目风险管理引论[M]. 上海：世界图书出版公司，2016.

显著改善图像质量。所以,分辨率选择应根据用途、原件字体大小来决定。一般须兼顾显示、打印或识别的要求,适当考虑存储空间效率,过高的分辨率不仅无法显现效果,反而会放大原件的干扰信息,而且对存储空间造成浪费。事实上,档案馆(室)采用300×600dpi分辨率的扫描仪已经可以胜任一般档案的数字化了。

(2)扫描速度

扫描速度有多种表示方法,因为扫描速度与分辨率、内存容量、存取速度,以及显示时间、图像大小都有关系,通常用指定的分辨率和图像尺寸下的扫描时间来表示。档案数字化工作量大,高速扫描有利于提高工作效率,缩短档案数字化的时间,但是,必须在保证图像质量、不损害档案原件的前提下正确选择高速扫描仪。

(3)色彩分辨率

色彩分辨率是表示扫描仪分辨彩色或灰度细腻程度的指标。理论上,色彩位数越多,颜色越逼真。目前市场上扫描仪的色彩位数一般有24位、30位、36位、48位等几个档次。如果是一般的文稿或图片,本身质量就不高的话,24位色彩位数的扫描仪就够用了。

(4)扫描幅面

扫描幅面表示扫描图稿的最大尺寸。目前,平板扫描仪、零边距扫描仪、高速扫描仪一般可选择A4或A3幅面,宽幅扫描仪可以扫A0以下幅面的图纸。

(5)接口方式

扫描仪的接口方式主要分EPP、USB、SCSI三种。EPP即打印机端口,其特点是使用方便,对计算机要求低,但扫描质量较差。USB接口速度较快,安装方便,可以带电拔插。随着USB应用的日益广泛,USB接口的扫描仪已成为主流。SCSI扫描仪安装时需要在计算机中安装一块接口卡,安装较复杂、价格较高,但速度快、扫描稳定,扫描时占用系统资源少。其实,无论EPP、USB还是SCSI接口,都不是决定扫描仪扫描速度的主要因素，扫描速度与扫描仪本身性能息息相关，因而使用任何一种接口方式，扫描速度上并无太大差别，但从接口上看，最适宜档案馆使用的是USB接口。当然，如果配置SCSI接口卡，则扫描仪性能更佳。

（二）数码翻拍仪

随着数码影像技术的飞速发展，一种新型的数字化设备——数码翻拍仪正在悄然流行。数码翻拍仪，又称数码拍摄仪、数码缩微仪等，是一种将数码相机安置在可垂直调节高低的支架上，用以拍摄文件材料或其他实物的数字化设备。目前，市场上数码翻拍仪按照翻拍性能、翻拍对象、尺寸可以等可以分为多种。

1.数码翻拍仪与扫描仪相比所具有的优越性

（1）数字化速度快

平板式扫描仪每扫描一页文件都有扫描灯管的往复移动和翻盖的过程，扫描速度较慢，若采用200dpi来扫描A4幅面真彩图像，每分钟扫描加工数量一般为1～2页。而高速扫描仪对档案的纸张质量要求较高，容易损坏档案，因此使用有一定的局限性。用数码翻拍仪拍摄文档没有机械运动的过程，只是曝光一下，速度不到1秒，扫描加工数量一般可以做到每分钟8～20页。

（2）对档案材料损害小

平板式扫描仪扫描装订的档案时，难以做到平整扫描，扫描的图像往往会倾斜或扭曲，导致后期处理工作量增加；高速扫描仪不拆档案根本无法加工。数码拍摄可以省略档案拆装过程，应用数码翻拍仪提供的低畸变镜头和图像变形处理软件，可以解决拍摄档案倾斜、线条变形等问题，这不但大大提高了数字化处理的效率，而且避免了档案在拆装过程中造成的损失。

（3）加工对象直观

用扫描仪扫描文档，若要在扫描前浏览扫描图像的效果，一般需要选择扫描仪预览功能，这样就降低了扫描加工的速度。而数码翻拍仪的全部操作过程直观可见，即真正做到“所见即所得”。

(4)加工对象不限于纸张

扫描仪一般只能扫描纸张材料，而数码翻拍仪除了扫描纸张材料以外，还能翻拍特种载体的档案，如奖旗、奖牌，甚至奖杯等立体的物体。

(5)便于调节扫描幅面

一般扫描仪只能扫A4幅面的纸质材料，扫大幅面图纸的扫描仪价格十分昂贵，利用率又不高，不适宜于一般机构配置。数码翻拍仪只要调节数码相机与底板的距离，就能灵活地选择拍摄不同幅面的纸质档案，这对于扫描尺寸频繁更换的档案特别具有优势。

2.数码翻拍仪与传统翻拍仪相比所具有的优越性

传统的翻拍仪采用传统相机进行档案拍摄和缩微，与之相比，数码翻拍仪具有以下显著优势。

(1)使用成本低

传统的翻拍仪拍摄需要胶片，拍摄后需要冲洗显影，阅览需要购置专门的缩微阅读仪，使用成本和人力成本都比较高。数码翻拍仪的翻拍与普通数码相机一样，使用不需要耗材，拍摄图像有问题时，可立即重拍。拍摄形成的照片，任何计算机系统都可以阅读。

(2)图像处理便捷

传统的翻拍仪形成的缩微片图像很难进行处理。数码翻拍仪形成的影像电子文件可以被灵活加工处理，如纠偏、去污点、去黑边框等；应用翻拍仪自带的OCR软件进行字符识别，可将扫描形成的图像文件识别成可编辑的Word、PDF、TXT等格式文件，进行二次编辑与加工；可应用图像处理软件，将扫描中出现的线条扭曲、图像变形等问题进行纠正，有些数码翻拍仪还自带防畸变镜头，自动纠正大幅面图纸拍摄中四周弯曲的线条。

(3)便于计算机技术应用

传统翻拍的缩微胶片不便于查找、传递、编辑、整理等,而这些缺点恰好都是数码翻拍技术的优势所在。数码翻拍仪形成的电子文件,具有采集高效、处理灵活、传播迅速、检索快捷、多媒体集成、生动直观等缩微技术难以比拟的优势。

(4)充分整合了数码相机技术

传统的翻拍仪一般只能翻拍成黑白胶片,数码翻拍仪不仅能翻拍成黑白图像,还能翻拍成彩色图像。数码翻拍仪借助高分辨数码影像技术,拍摄图像清晰逼真、色彩丰富;支持色差、亮度、对比度、饱和度、伽玛值等后期图像增强功能;能通过USB接口直接连接电脑,将拍摄的档案文件直接在电脑中显示或通过邮件发送出去,实现档案的无障碍传播;翻拍仪可通过USB直接供电,不需要另插电源;可将所有拍摄操作按钮都整合在底板上,操作十分简便;也可拍摄录像,将动态的图像,如手工翻阅档案的过程记录下来,用作视频编辑的素材;突破传统,使用扫描枪扫描条形码识别的方式,用户只需鼠标轻点,即可完成条码识别,提高了工作效率,也省下了购买扫描枪的费用。

(5)灵活使用各种数码拍摄设备

有些数码翻拍仪的活动支架可以固定数码相机、手机等各种拍摄设备,用户可以借助拍摄设备翻拍档案材料。

3.数码翻拍仪的应用范围

数码翻拍仪是传统的复印、扫描投影、拍照、录影等技术的融合,因此兼有这些技术的优点,它无论是对传统的翻拍缩微还是对扫描技术来说都是一场变革,受到社会各领域的普遍关注并得到大量应用。目前,该技术已经广泛用于政务领域红头文件、往来信函等文件翻拍,银行传票、合同、抵押担保、会计凭证和信用卡等文件翻拍,证券期货行业股东账户开户、买卖合同、股东身份等文件翻拍,保险行业合同、发票、身份证等文件翻拍,工商税务行业税务年检等业务文件翻拍,学校学生学籍、成绩单等档案翻拍，国土行业房地契、图纸、合同等档案翻拍，司法行业往来信函、红头文件、法律文件、卷宗等档案翻拍，医疗行业病历、处方等档案翻拍，公安部门案件档案翻拍等领域。

4. 数码翻拍仪在纸质档案数字化中的应用前景

尽管数码翻拍仪已经在各政府机关、企事业单位得到广泛的应用，但是，在档案信息化中使用较少。其原因之一是档案界人士对这种设备的发展现状和趋势不够了解，以为它就是传统的缩微翻拍仪。由上述分析可知，它特别适用于以下情况：一是中小型企事业单位办公室或业务部门对尺寸频繁变化的文件材料进行数字化。二是各级各类档案馆或机关档案室对纸质材料老化、不便于拆卷的档案进行数字化。三是建筑设计、制造业等企业未购置大型扫描仪，又需要对大幅面图纸档案进行数字化。四是对奖旗、奖牌等实物档案进行数字化。五是尚无条件对纸质档案数字化，但在利用时临时需要对查阅的档案进行数字化，以便通过网络提供远程查档服务。

鉴于数码翻拍仪具有使用成本低、拍摄精度高、速度快、操作简便，同时便于做OCR字符识别和其他图像处理等特点，相信会吸引越来越多的档案用户。随着数码翻拍仪应用范围的扩大，数码翻拍仪的功能和性能将会不断改进和完善，因此，它有可能在不远的将来，部分取代扫描仪，成为纸质档案数字化的得力工具。

（三）缩微胶片扫描仪

缩微胶片扫描仪是一种对缩微胶片上的影像进行数字化转换处理的专用设备。缩微影像转换技术的应用，包括对缩微胶片进行扫描，把缩微模拟影像转换成数字影像，进行存储、还原和检索输出等。

1. 缩微胶片扫描的优缺点

与纸质档案扫描相比，缩微胶片扫描的主要优点是：扫描速度快，节约时间和成本；没有尺寸和形状的限制，可以同时对各种幅面的纸质档案进行扫描；缩微胶片可以继续留存，作为数字档案备份的一种形式；可以进行批量处理，操作简便易行；便于对图像进行亮度调节、对比度拉直和裁剪等优化处理；易于对输出的图像信息进行检索、阅读、打印和传递等。

缩微胶片扫描的主要缺点是：所得的图像已经是第二或第三次转化，失真严重，图像虽然可以强化，但有时效果不明显；一些胶片的状况较差，出现了划痕、装订线阴影等，影响扫描影像质量；扫描仪的分辨率不足以捕捉原件所有有价值的信息。

2.缩微胶片扫描设备的选择

缩微胶片扫描仪相对于纸质档案扫描仪，扫描效率要高得多。目前，缩微影像转换成数字影像的技术日趋成熟。选购缩微胶片数字扫描系统，既要考虑产品的技术领先，又要考虑适用性以及性价比。选购时应考虑胶片类型，如缩微平片、开窗卡片、16mm胶卷、35mm胶卷等；考虑放大倍率的范围和扫描速度，即每单位分辨率，如4.5秒/400dpi；考虑光学分辨率和输出分辨率，如300～800dpi等。

市场上的缩微胶片扫描系统主要有英国的“优胜”，日本的“佳能”“美能达”，美国的“柯达”等公司出产的缩微胶片扫描仪。根据一些档案馆的经验，美能达的MS30000型和佳能的MS500型缩微胶片扫描仪，不仅能够把缩微模拟影像转换成数字影像，还能作为缩微数字影像的还原设备使用。

（四）纸质档案数字化的软件配置

纸质档案数字化除了必要的硬件设施外，还需要运行硬件设施所需的档案数字化工作软件。该软件有两大类：系统软件和应用软件。

系统软件包括操作系统、数据库管理系统等平台，如Windows SQL Server等。应用软件是在上述软硬件平台的基础上实现数字化流程的文档扫描、图像处理和数据存储等功能的软件。这些软件可以从市场上购置，或从网络上免费下载，或随硬件设备配送获得，如购置扫描仪时获得ACDSee、Photoshop或专用的图像浏览、处理软件，购置刻录机时获得Easy CD、Creator等刻录软件。

对于大批量纸质档案的数字化处理而言,仅仅靠上述分散的、专用的工具软件是不够的,必须采取系统集成方式将整个数字化流程集合为一个统一的制作、加工系统,开发出专用的"档案数字化加工管理系统",实现对包括档案整理、目录建库、档案扫描、图像处理、图像存储、数据质检、数据挂接、数据验收、数据备份、成果管理等档案数字化加工全过程的流水作业和安全质量控制。

二、录音档案的数字化设备

1857年,法国发明家斯科特(Scott)发明了声波振记器,这是最早的原始录音机,是留声机的鼻祖。1877年,爱迪生(Edison)制造出人类历史上第一部留声机。1898年,丹麦工程师普尔森(Purson)发明了磁性录音。1963年,荷兰生产出音频盒式磁带机。至20世纪80年代,盒式磁带录音迅速普及。这一技术被迅速应用于声音记录,许多单位用之录制领导讲话、会议座谈、文艺演出、要人采访等,形成许多重要的录音档案。利用多媒体数字技术,把模拟录音带转录成数字音频档案,有利于录音档案的及时抢救、长期保存、编研制作和共享利用。随着数码音像技术的普及,模拟录音档案的数字化也被提到重要议事日程上来。

录音档案数字化比较容易实现,主要硬件有放音设备、存储设备和计算机等,录音档案数字化软件较多,可根据个人习惯和熟悉程度加以选择。

(一)录音档案数字化的硬件

1.传统放音设备

应根据拟数字化录音档案的规格、型号配置相应的放音设备,如开盘式放音机(大开盘、小开盘)、钢丝带放音机、盒带录音机、电唱机等。放音设备必须能将声音源以电平信号的方式,通过音频输出插孔输出,若原设备不具有音频输出插孔,应进行改装。

2. 模数转换设备

模数转换设备是录音档案数字化的核心部件，品质好的模数转换设备有低失真、低时延、高信噪比的特点。模数转换设备主要是声卡。

声卡（Sound Card）是多媒体技术中最基本的组成部分，是实现模拟信号和数字信号相互转化的一种硬件，其基本功能是将来自磁带、光盘、话筒等的原始声音信号加以转换。它的工作原理是将获取的模拟信号通过模数转换器（Analog to Digital Converter，ADC），将声波振幅信号采样转换成一串数字信号，存储到计算机中。重放时，这些数字信号被输送到数模转换器（Digital to Analog Converter，DAC），以同样的采样速度还原为模拟信号。

声卡的技术指标主要有以下几点：一是采样频率，采样频率越高，声音越保真。目前，声卡的采样频率一般应达到44.1kHz或48kHz。二是样本大小，当前声卡以16位为主。8位声卡对语音的处理也能满足需要，但播放音乐效果不是很好；16位声卡可以达到CD音响水平。

3. 内部声音混合调节器

内部声音混合调节器的主要功能是把不同输入源（如Line in、MIC及CD Audio）中输入的声音信号进行混合和音量调节，通常要求该混合器是可编程或可控制的。

4. 监听、拾音设备

监听、拾音设备，如监听音箱、监听耳机、话筒等。

（二）录音档案数字化的软件

数字化转换软件主要为音频制作软件，如Creative WaveStudio、GoldWave、MusicMatch Jukebox等。一般反映使用Creative WaveStudio较好，GoldWave也是一种功能强大的专业级数字音频编辑软件。刻录软件也较多，如Easy CD等。

三、录像档案的数字化设备

录像档案数字化的整个设备系统由四个部分组成：提供模拟视频

信号输出的放像设备,如与录像带相配套的录像机、放像机等;对模拟视频信号进行采集、量化、编码的视频采集设备,通常由视频采集卡来完成;对数字视频进行编辑的编辑系统(软件);数字录像档案的存储设备或存储系统。

(一)录像档案数字化的硬件

1.放像设备

放像设备要按照录像档案载体的不同而作出不同的选择。受到数字设备的冲击,许多传统的放像设备已经退出市场。曾经流行的模拟录像带及其播放设备按照制式来分主要有VHS、Beta和8mm等类型。VHS(Video Home System)是家用视频系统的缩写,这种录像机采用带宽为1/2英寸的磁带,习惯称“大1/2录像机”。目前,档案馆保存的模拟录像带中绝大部分是VHS带。Beta录像机采用不同于VHS的技术,图像质量优于VHS录像机,所用磁带的宽度也是1/2英寸,但磁带盒比VHS小,故又称“小1/2录像机”。8mm录像机综合了VHS和Beta录像机的优点,体积小,图像质量高,所用磁带宽度仅为8mm。模拟录像机不仅有制式的不同,而且按照其信号记录方式及保真度的不同而分不同技术质量等级。

不同制式、不同等级、不同品牌的录放设备及其不同性能的录像带,相互之间并不兼容,因此,必须针对录像带的类型选择相应的放像设备。

应根据录像带规格、型号选用设备,如VHS放像机、3/4放像机等。普通模拟录像机可输出清晰度在200水平线的模拟录像;高清晰度模拟录像机可输出清晰度在400水平线的模拟录像;数码摄像机可输出清晰度在500水平线的数字录像。目前,档案部门保存的录像带形式各异,主要有小1/2带、大1/2带、3/4带等。与这些录像带匹配的可运行的放像机越来越少,档案部门应当尽快将这些珍贵的录像带做数字化处理。否则,将来这些古董放像机一旦淘汰绝迹,带中的影像就很难再现了。

2. 视频采集设备

视频采集设备由高配置的多媒体计算机的内置或外置的视频采集压缩卡(简称采集卡)组成。录像档案数字化的一个重要工作是音像采集。所谓音像采集是指通过硬件设备把原录像带保存的模拟信号转换成数字信号采录至计算机中,以数字图像格式保存的过程。图像采集的过程是保证数字图像质量的关键环节,因此,正确选择采集所使用的硬件设备即采集卡至关重要。目前,市面上的采集卡种类较多,档次功能高低不一,按照其用途从高到低可分为广播级、专业级、民用级视频采集卡,档次不同、采集图像的质量不同。档案部门应采用专业级以上的视频采集卡。

由于视频的数据量非常大,因此对计算机的速度要求很高。在未压缩的情况下,采集一分钟的视频数据可能超过几百MB,如果CPU和硬盘跟不上要求,将无法进行采集,或者采集效果较差,如画面失真、停顿、掉帧等。要想顺畅地完成视频采集工作,CPU最好是3GHz主频,硬盘接口应用SCSI、IEEE 1394(即火线)或USB 3.0接口。

在挑选录像档案数字化的采集卡时,要仔细比较各种采集卡的性能、价格,对以下几项参数应予以特别关注:一是是否支持视频数据的硬件级处理。对批量录像档案的数字化而言,适宜选用带硬件实时压缩功能的MPEG-1或MPEG-2卡。这类卡采用硬件完成压缩过程,既节省了时间又节约了空间,而且硬件压缩后的图像质量较好。二是是否有足够的帧速率。帧速率的高低直接影响视频卡制作的视频文件的流畅程度。帧速率比较低的低档产品,CPU占用率也高。建议在压缩成MPEG-1格式时,动态分辨率为352×288(PAL制式)时应达到25帧/秒,而分辨率为320×240(NTSC制式)时应达到30帧/秒。三是是否带音频输入功能。如果视频卡仅能采集图像信号,音频信号必须通过声卡来传输录制,则将增大对计算机资源的占用率,并容易造成视频与音频信号的不同步。建议采用视音频整合采集的视频卡。

(二)录像档案数字化的软件

录像档案的采集、转换和编辑除了视频卡外,还需要借助视频采集软件和视频编辑系统来实现。通过视频采集软件,在实现录像档案的数字化采集之前,可以设定所需生成的视频文件格式,设置视频文件的各项参数,如调节录像信息的亮度、视频取样标准,以确保采集信号的质量。

1. 采集软件

视频卡配套提供的视频采集软件功能相对简单,通常无法对视频信息进行复杂的编辑和转换。因此,对采集后的视频信息,在必要的情况下,可以使用专门的视频编辑软件甚至功能强大的非线性视频编辑系统进行编辑处理。视频编辑与文本编辑类似,是将采集好的视频素材进行二次加工,如插入、剪切、复制、粘贴、拼接视频片段等,还包括文字、图形乃至不同视频、音频的叠加、合成等。通过上述处理,在不破坏真实性的前提下,可以使录像档案更加清晰、美观和生动,并对视频内容进行适当的引导、指示和标注。

2. 编辑软件

视频编辑软件是对视频进行录制、切割、合并、重组、批量处理、格式转换等制作的软件。当前,针对各种需要产生的视频格式繁多,如RM、ASF、WMV、AVI、MPEG-1、MPEG-2、MOV、3GP、MP4、MKV、FLV等,而流媒体格式因其在网络浏览和传输支持上的优势,越来越得到广泛的青睐。现今信息产业界已开发出许多功能强大、界面友好的视频处理软件,如Adobe Premiere Pro、会声会影(Corel VideoStudio)、Adobe After Effects、Video Edit Master、Top Video Splitter、AVI Joiner等。其中,适合档案工作者使用的视频编辑软件有Adobe Premiere和会声会影两大系列,这两款软件具备完善的视频编辑功能和优良的技术性能,当前流行的版本有Adobe Premiere Pro 14和会声会影2020等。

第三节　数据存储与备份

档案数字信息的长期安全存储取决于存储设备的选择和存储技术的应用，是档案安全保管的重要内容。

一、数据存储系统

档案信息化数据存储是指数据以某种格式记录在计算机内部或外部存储介质上，其存储系统分别使用不同的存储介质和存储技术。

（一）数据存储介质

信息长期存取与介质息息相关，介质一旦受损，其所载信息往往荡然无存，因此，选择合适的存储介质尤为重要。不同的数据及其不同的处理需求对介质的要求是不同的。目前，数据存储介质主要有磁存储介质、光存储介质和电存储介质三种。

1.磁存储介质

磁存储技术是将声音、图像和数据等变成数字电信号，通过磁化磁介质来保存信息。磁存储介质主要有硬磁盘、磁带、磁盘阵列、磁带库等。

（1）硬磁盘

硬磁盘是由若干盘片重叠在一起放入密封盒内组成。盘片的结构类似软盘，盘片一般由合金或玻璃材料制成，磁性层则一般使用γ-Fe_2O_3磁粉、金属膜等制成。

硬盘的存储量大，数据传输速度快；硬盘盘片与驱动器装在密封容器内，不易受周围环境影响，工作稳定性好、可靠性高，因此常作为网络数据传输的在线存储介质。

硬盘按尺寸分，有3.5英寸、2.5英寸、1.8英寸等。目前，3.5英寸台式机硬盘正广泛用于各式电脑，2.5英寸硬盘广泛用于笔记本电脑及移动硬盘，1.8英寸微型硬盘广泛用于超薄型笔记本电脑、移动硬盘及其他小型电子设备。

硬盘按存储方式分，有固态硬盘（SSD，新式硬盘，采用闪存颗粒存储）、机械硬盘（HDD，传统硬盘，采用磁性碟片存储）、混合硬盘（Hybrid Hard Drive，HHD，把磁性硬盘和闪存集成到一起的一种新硬盘）。相对于机械硬盘，目前的固态硬盘有存取速度快、耗电量小、稳定性好等优点，也有存储量小、价格昂贵等缺点。混合硬盘可以起到扬长避短的作用，值得档案工作者关注。

此外，硬盘还可以按接口类型分，有ST506、IDE、SCSI接口三种，或按转速分，有5400转/分、7200转/分、10000转/分和15000转/分四种。

（2）磁带

磁带一般由聚酯薄膜带基和附着在带基上的磁性涂层，经过磁性定向、烘干、压光和切割等步骤制成。

磁带具有以下优点：①存储容量大，数字磁带的最大容量已经达到TB级，在数据备份和档案文件存储等方面一直占据着重要的地位；②成本适宜，操作方便，只要通过一定的驱动器便能顺利地读取。但是，磁带是串行记录方式，存取速度较慢；工作方式为接触式，易使磁带、磁头磨损。鉴于磁带的这些特点，它适合用在按顺序存取数据、存储量大而读写次数少的电子档案备份系统中，是可作为硬磁盘数据长期备份的存储介质。

（3）磁盘阵列

磁盘阵列（Redundant Arrays of Independent Disk，RAID）是应用磁盘数据跨盘处理技术，通过组合多个硬盘，把多个读写请求分散到多个硬盘中来突破单个磁盘的极限，并使其协同工作。在使用过程中如同仅使用一个硬盘，却获取了比单个存储设备更快的速度、更好的稳定性、更大的存储能力、更高的容错能力。它可以按照用户对于存储容量的需求进行阵列配置，从而达到海量存储的要求。

磁盘阵列系统存储容量大、安全性高。因为数据存储在由多个磁盘组成的磁盘组上，通过数据的冗余存储，可在一个或多个磁盘损坏、失效时，防止数据丢失；磁盘阵列通过并发读写，能够提高数据的存取速度，把多个硬盘驱动器连接在一起协同工作，大大提高了数据的读写功能。

(4)磁带库

磁带库是一种机柜式的、将多台磁带机整合到一个封闭系统中的数据备份设备，是离线存储系统中的关键设备之一。它主要由磁带驱动器、机械臂和磁带构成，可实现磁带自动卸载和加载，在存储管理软件的控制下具有智能备份与恢复、监控统计等功能，能够满足高速度、高效率、高存储容量的要求，并具有强大的系统扩展能力。

磁带库具有自动备份和恢复功能，可实现数据的连续备份，也可在驱动管理软件控制下实现智能恢复、实时监控和统计；同时磁带库存储量大，容量达到PB级，备份能力也很强大，是集中式数据备份的主要设备。①

2. 光存储介质

从磁存储到光存储是信息记录的飞跃，光存储是利用光学原理进行读/写的。光存储技术是采用激光照射介质，激光与介质相互作用，导致介质的性质发生变化而将信息存储下来的。读出信息是利用定向光束(激光)在存储介质表面进行扫描，通过检测所经过点的激光反射量，读出所保存信息的一种技术。光存储介质有光盘、光带、光卡、光盘塔、光盘库等，其中以光盘应用最为广泛。光盘(Optical Disk)是继磁性介质之后产生的又一种新型的数字信息记录介质。它具有存储密度高、信息容量大、稳定性好、可移动、成本低等特性，也是电子档案的重要存储介质。光盘通常分为DVD、蓝光光盘等几种，各自特点如下。

(1)DVD(Digital Video Disc)

DVD与CD的外观极为相似，直径都是120mm，一般单层容量约为

①刘亚静. 档案管理信息化与自动化探索[M]. 天津：天津科学技术出版社，2018.

5G。DVD分为预录制光盘和可录制光盘两种。预录制光盘(DVD-ROM)的数据只能由厂商用专用设备录制。可录制光盘又分为一次写入型(DVD-R、DVD+R)和可擦写型(DVD-RW、DVD+RW)两种。一次写入型光盘可用光盘刻录仪一次性刻录数据,但不能擦除。档案部门可利用这种光盘的特点,保存档案信息,防止归档电子文件被改写和篡改。可擦写型光盘录入的数据可擦除和重写,光盘可反复使用。

(2)蓝光光盘BD(Blu-ray Disc)

目前主流的单层BD容量为25G,可烧录长达4小时的高清视频,双层BD容量为50G,多层BD容量有100G以上。随着蓝光刻录机和盘片价格越来越低,BD很有可能是继CD、DVD之后的档案数据的又一主要存储介质。

目前,光盘共享技术的发展为大容量存储数字信息提供了可能,光盘塔和光盘库也成为存储电子档案的主要设备。

3.电存储介质

电存储介质是继磁存储和光存储之后的利用半导体技术做成的一种新型存储介质,它通过电子电路以二进制方式实现信息的储存。电存储介质主要有闪存盘和数据存储卡。

(1)闪存盘

闪存盘(又称为U盘)是一种容量大、体积小、不需要驱动器、安全可靠的新型移动存储设备。闪存盘可用于存储任何格式的数据文件,在电脑上方便地交换数据。闪存盘采用闪存芯片存储介质(Flash Memory)和通用串行总线(USB)接口,具有存储容量大(可达1GB ~ 1TB)、轻巧精致、便于携带、使用方便、读写速度快、安全可靠等特征,有些还具有加密等功能,是重要的移动存储设备。但是,闪存盘的保存寿命较短,故不能作为长期存储电子档案的介质,但可以作为电子文件归档、复制、传递和利用的过渡性介质。

(2)存储卡

存储卡(也称数码卡),是一种卡片形状的计算机存储介质,其存储原理与闪存盘基本相同。它具有体积小巧、携带方便、使用简单、存储量大、兼容性好等优点，如今已经广泛应用于手机、数码相机、数码摄像机、笔记本电脑、MP3、MP4、电视机等电子数码产品，备受摄影、电脑爱好者的青睐。

存储卡种类繁多，当前流行的存储卡有以下几种：一是SD存储卡，该卡如一张邮票大小，最高容量达128G，目前应用面最广。SD卡具有安全加密功能，内置128bit加密位，在加密状态下读卡，卡自动进入锁定状态，以保护卡内容不被非授权读写。此外，该卡还可加写保护锁，以防止数据被有意或无意地修改。二是TF存储卡，它是一种小型的SD卡，约为SD卡面积的1/4。TF卡广泛应用于手机、MP3、MP4等电子产品，也可插入SD卡卡套中当SD卡使用。TF卡传输速度被定义为Class2、4、6、8、10等级别，其传输速度分别为2、4、6、8、10MB/s。三是记忆棒，它由Sony公司在1999年推出，因此仅限用于Sony公司的数码产品。该存储卡运行速度快，高速记忆棒可达50MB/s，但价格比较贵。

由于存储卡尺寸太小，容易丢失，加上型号规格繁多，且发展变化很大，因此它不宜存储需长期保存的电子档案。然而，由于其存储密度高，携带方便，可用于电子文件的归档、移交、传递和查询。

档案部门使用存储卡须注意三个问题：一是最好使用SD卡。其原因是SD卡通用性强，一般笔记本电脑、数码相机、摄像机、电视机都配置SD卡的读卡槽。另外，SD卡便于加密，还能写保护，能防止数据丢失或被篡改。二是应当选购读写速度较快的存储卡。为了保障各种电子文件，特别是多媒体文件的流畅播放，存储卡的读写速度宜选高一些，一般拟大于6MB/s。三是建议档案部门可购置通用读卡器。其有若干个不同规格的卡槽，可同时插入多种常用的存储卡，用户可通过USB接口使不同的数码产品都能像读写U盘一样读写各种存储卡，而不必准备各种类型的连接线和数据接口。

（二）数据存储技术

随着科技的发展，数据存储技术也在不断地发展和变化。目前，数据存储技术主要有直接存储、网络存储、云存储三种。

1. 直接存储技术

直接存储技术是目前存储数据的主要技术方法。直接存储技术是利用计算机等设备，将档案信息保存在性能稳定的载体上。存储载体主要包括只读光盘、一次写光盘、磁带、硬磁盘、可擦写光盘、光盘塔和磁带库等。其特点是：投资低、读取速度慢；资料可供同时读取的人数少；检索光盘时，内部机械手臂容易出故障，光盘容易磨损划伤等。

2. 网络存储技术

（1）直接附加存储（DAS）

DAS通过电缆（一般是SCSI接口）直接与服务器相连接，存储设备作为服务器的附加硬件，不带操作系统，直接接收所连服务器的I/O请求，完全依托服务器，通过服务器上的网卡向用户提供数据，它是典型的分散式存储模式。

（2）网络附加存储（NAS）

NAS是一种连接在网络上的存储设备，通常使用RJ45接口，通过以太网为用户提供服务。它采用集中式数据存储模式，将存储设备与服务器彻底分离。

（3）存储区域网络（SAN）

SAN是一种将存储设备、连接设备和接口集成在一个高速网络中的技术。SAN从诞生之日起便以系统复杂和价格昂贵闻名业界，但其性能的强大也是毋庸置疑的，足以满足大型档案馆海量数据存储共享的需要。

3. 云存储

云存储是指通过集群应用、网络技术或分布式文件系统等功能，将网络中大量不同类型的存储设备通过应用软件集合起来协同工作，共同对外提供数据存储和业务访问功能的一个系统。云存储有以下三种。

第一，公有云存储。这是为大规模、多用户而设计的云存储平台。其所有组件都建立在共享基础设施上，通过虚拟化、数据访问、管理等技术对公共存储设备进行逻辑分区,按需分配。优点是有助于用户减轻存储的成本和管理的负担;缺点是放在公有云上的信息容易被入侵、窃取、破坏。

第二,私有云存储。也称为内部云存储,是针对特定用户设计的云存储,它运行在数据中心的专用存储设备上,可以满足安全性能的需求。其缺点是可扩展性相对较差。因此,私有云存储更适合于具有高标准安全性需求与性能需求的数据中心建设。

第三,混合云存储。混合云存储是为了弥补公有云和私有云存储的缺陷,兼备两者的优点而设计的云存储架构。它既包含能接入公共网、提供广泛的应用和服务的公有云存储,又包括建立在内部网、面向某专业业务应用、采取严格安全管理措施的私有云存储。混合云存储的目的是在公有云上,存储开放的,需要面向社会、广泛共享的档案信息;在私有云上,存储需要保密或供内部业务使用的档案信息。这个方法可以最大限度实现档案管理系统的共建和共用,数据库资源的互联和共享;实现档案信息资源跨系统、跨平台、跨地域的网络化应用,消除信息孤岛;节约系统建设、运行、维护和管理的成本;降低信息安全的风险,实现档案信息资源的大集成和大整合,最大限度地提高档案信息化综合效益。

二、数据备份系统

数据备份是指为防止数据丢失或损坏,将计算机系统中的数据复制到后备存储器中的过程。

备份按其范围划分,包括系统备份和数据备份。系统备份是指对整个计算机系统,包括系统软件、应用软件、数据库管理系统、数据资源、系统管理参数等进行备份。系统备份的目的是防止因软硬件故障、计算机病毒或人为错误操作等原因造成计算机系统不能正常启动或运行。数据备份是指仅仅对系统中存储的数据进行备份。显而易见,系统备份应当包括数据备份,系统备份的范围要比数据备份的范围大得多。由于档案数据量浩大、递增迅速、保真要求高、安全管理要求严,因此,加强档案信息安全的主要措施是加强档案数据备份。以下主要介绍数据备份的内容和要求。

(一)数据备份的策略

数据备份的策略主要有全备份、增量备份和差异备份三种。

1. 全备份

全备份是对整个系统(包括系统和数据)进行完全备份。这种备份的优点是当发生数据丢失时,系统恢复比较简单;不足之处是每天都要对整个系统进行完全备份,备份时间长,造成备份的数据大量重复,占用大量的备份存储空间,增加了管理的成本。

2. 增量备份

增量备份是仅备份上一次备份后增改过的数据。这种备份策略的优点是节省了备份存储空间、缩短了备份时间;它的缺点在于,当灾难发生时,数据的恢复比较繁琐。另外,这种备份的可靠性也很差。在这种备份方式下,各盘磁带间的关系就像链子一样,一环套一环,其中任何一盘磁带出了问题都会导致整条链子脱节。

3. 差异备份

差异备份是指在从上一次全备份到进行差异备份的这段时间内,对那些增加或者修改的文件的备份。这种备份方式无须每天都对系统做完全备份,因此备份所需时间短,并可节省备份存储的空间,它的灾难恢复也很方便。

在实际应用中,备份策略通常是以上三种方法的结合,例如每周一至周六进行一次增量备份,每周日进行差异备份,每月月底和每年年底进行一次全备份。

(二)数据备份技术

数据备份技术分为热备份和冷备份两种。

1. 热备份

热备份是动态、实时的备份。热备份的优点是:备份时间短,备份时数据库仍可使用;可对几乎所有数据库实体做恢复;恢复快,可达到秒级恢复（恢复到某一时间点上），且在大多数情况下可以在数据库工作时恢复。其缺点是：不能出错，否则后果严重；若热备份不成功，所得结果不可用于时间点的恢复，所以操作时要特别仔细。

2. 冷备份

冷备份是静态、定时的备份。冷备份的优点是：容易操作（简单拷贝即可）；容易恢复到某个时间点上（只需将文件再拷贝回去）；能与归档作业相结合，做数据库“最佳状态”的恢复；维护简单，高度安全。其缺点是：单独使用时，只能提供到“某一时间点上”的恢复；在实施备份的全过程中，数据库是关闭状态，不能做其他工作。若磁盘空间有限，只能拷贝到磁带等其他外部存储设备上，备份速度会很慢。

（三）数据备份的载体

档案备份的介质有硬盘、磁带、光盘、纸、缩微胶片等，其选择要注意以下几个方面。

第一，电子档案一般以硬盘、磁带、光盘介质备份。为防止电子档案被修改，可利用一次写入型光盘（如DVD-R）只读的特点，将其作为电子档案长期存储载体。

第二，具有永久保存价值或者其他重要价值，且未形成纸质或缩微胶片备份件的电子档案，应当同时形成一套纸质或缩微胶片备份件，即进行数转模处理，以确保该类档案的长期有效性。

第三，档案备份应当同时采取本地备份和异地备份的方法。本地备份是指将备份内容存储于实施备份单位同一建筑或建筑群内。异地备份分为同城异地备份和远城异地备份。同城异地备份是将备份内容存储于本地与实施备份单位不同地域的场所，远城异地备份是将备份内容存储于外地适当的场所。远城异地备份的场所应当选择在与本地相距300千米以上，不属同一江河流域、不属同一电网、不属同一地震带的地区。

第三章　档案信息资源建设

第一节　档案信息的数字化

档案信息化处理的对象是数字档案信息，而传统档案都是模拟档案信息，因此，数字化是档案信息化的基础和前提。

一、纸质档案的数字化

《纸质档案数字化技术规范》(DA/T 31—2017)将纸质档案数字化定义为采用扫描仪或数码相机等数码设备对纸质档案进行数字化加工，将其转化为存储在磁带、磁盘、光盘等载体上并能被计算机识别的数字图像或数字文本的处理过程。纸质档案数字化适应了信息时代的大趋势，能够减少管理的成本、增强对档案原件的保护、节约存储空间、优化馆藏结构，有利于档案信息资源的有效利用与共享。

(一)纸质档案数字化加工方式

纸质档案的数字化加工方式主要有直接扫描法和缩微转化法两种。

1. 直接扫描法

所谓直接扫描法，是采用扫描仪对纸质档案原件进行光学扫描，将图像信息传送到光电转换器中变为模拟电信号，然后将模拟电信号转变为数字电信号，再通过计算机接口传输至计算机存储器中。直接扫描分为两种方式。

第一，扫描纸质档案后再运用字符识别(OCR)软件进行识别，最终生成文本文件。这种数字化文件的优点是：占据的空间小，便于计算机全文检索，便于档案利用时进行摘录和编辑。其缺点是：不能保持档案原件的排版格式，以及签名、印章等原始信息；有时OCR字符识别的准确率较低，核对修改较为困难，数字化效率很低，且实际上已经破坏了档案原稿的真实性。

第二，扫描纸质档案后形成数字图像文件。这种图像文件的优点是能保持档案的内容和排版的原貌，数字化速度快。缺点是不能进行全文检索，不能编辑文字内容，且占据存储空间大。

以上两种方法的优缺点正好互补，现在有一种方法能将两者的优点融合在一个档案中，即制作双层PDF。其制作方法是：将纸质档案原件扫描成数字化图像文件后再转换成文本文件，然后将这两个内容一样的文件置入同一个PDF文件中，再将图像文件置于文本文件的上层，图像文件下层隐藏文本文件。查询该文件时，我们既能看到上层保持原貌的图像文件，同时也能对隐藏的文本文件进行全文检索。①

2.缩微转换法

所谓缩微转换法，是针对已经缩微复制的档案，采用专用扫描设备（即缩微胶片扫描仪）将缩微胶片上的模拟影像转换成数字影像的方法。与直接扫描法相比，缩微扫描法更经济、简便、高效。然而这种方法必须建立在已经对纸质档案进行缩微加工的基础上。

必须注意的是，在对缩微胶片进行扫描加工后，原缩微胶片应与纸质档案一并保存，不能擅自销毁。由此，该档案形成“三套制”保存状态。虽然缩微胶片不如数字化档案容易保存、复制、查询、传播，但是作为模拟信息，缩微档案具有人工可读、稳定性好等数字化档案不具备的优势，又具有体积小等纸质档案不具备的优势，是档案信息资源的重要补充形式。

---

①蒋冠．网络环境下档案信息资源整合研究[D]．湘潭：湘潭大学，2005.

(二)纸质档案数字化工作流程

纸质档案数字化是一个较为复杂的过程,其基本环节主要包括:档案整理、档案扫描、图像处理、图像存储、目录建库、数据挂接、数据验收、数据备份、成果管理等。

1. 档案整理

在对纸质档案进行扫描之前,应根据档案管理情况,按下列步骤对档案进行适当整理,并视需要做出标识,确保档案数字化质量。

(1)档案出库

一般来说,大批量纸质档案数字化,首先须将待数字化档案从档案库房搬移到临时的周转库房,接着由数字化加工人员从周转库房领取档案进行数字化。无论前者还是后者,数字化加工人员都须按照预定计划,提出申请,经过审批,然后交接双方清点档案,实行登记,完成档案的交接手续。

(2)目录数据准备

按照《档案著录规则》(DA/T 18—1999)等的要求,规范档案中的目录内容,包括确定档案目录的著录项、字段长度和内容要求等。然后,为数字化档案检索建立目录数据库。建库可利用原有纸质档案的编目基础,原纸质档案目录如有错误或不规范的案卷题名、文件名、责任者、起止页号和页数等,应进行修改。如纸质档案未建立机读目录数据库,则应当按照档案著录规则重新录入。

(3)拆除装订

档案在拆除装订前可逐卷加贴条形码,以便在随后流程中通过识别条形码对扫描档案进行准确、高效的控制。该条形码还可为以后档案借阅、利用、管理提供便利。

然后,工作人员逐卷、逐页检查档案。对内容缺失、目录漏写、页码颠倒,以及珍贵、破损的案卷进行登记,并提请档案保管机构妥善处理。对于不去除装订物会影响扫描工作的档案,应拆除装订物。拆除装订物时，应注意保护档案不受损害。拆除装订物之后要将档案原件排好顺序，并用夹子夹起防止散乱。对于年代久远、纸质条件较差、不便拆卷的，可采用零边距扫描仪扫描。

（4）区分扫描件和非扫描件

要按要求把同一案卷中的扫描件和非扫描件区分开，剔除无关和重复文件。

（5）页面修整

纸张的质量关系到扫描仪的选择和扫描效果，因此，须对严重破损、褶皱不平、字迹模糊的档案做好登记，分别处理。如对褶皱的档案，可进行熨烫；对被污染的纸张，可在通风环境中用软毛刷轻轻刷去浮尘、泥垢或霉菌；对破损残缺的文件，须进行修补。

（6）档案整理登记

将经过整理后的档案原件交给扫描工作人员，制作并填写《纸质档案数字化加工过程交接登记表》，详细记录档案整理后每份文件的起始页号和页数。

（7）装订、还原、归还

扫描工作完成后，拆除过装订物的档案应按档案保管的要求重新装订。恢复装订时，应注意保持档案的排列顺序不变，做到安全、准确、无遗漏。对严重破损的卷皮、卷盒，需重新更换。装订人员将装订完成后的档案，贴上专用封条并盖上数字化专用章。档案数字化加工完毕并重新装订完成后，要对其进行清点。清点无误后交还给档案管理部门，并办理档案归还手续。

2. 档案扫描

（1）扫描设备选择

根据档案幅面的大小（A4、A3、A0等）选择相应规格的扫描仪。大幅面档案可采用宽幅扫描仪，还可采用缩微拍摄后的胶片数字化转换设备进行扫描，也可以采用小幅面扫描后的图像拼接方式处理。纸张状况较差，过薄、过软或超厚的档案，以及页面为多色文字的档案，可采用普通平板扫描仪扫描。纸质条件好的A4、A3档案，可采用高速扫描仪扫描，以提高工作效率。不宜拆卷的档案，可采用零边距扫描仪扫描。

（2）扫描色彩模式选择

扫描色彩模式一般有以下两种。

第一，扫描形成黑白二值图像。这种图像只有黑白二级，没有过度灰度。其特点是黑白分明、字迹清晰、文件容量较小，适用于扫描字迹、线条质量清晰的文字或图纸档案。

第二，扫描形成连续色调静态图像。这种图像分灰度图像和彩色图像两种：①灰度图像由最暗黑色到最亮白色的不同灰度组成。灰度级表示图像从亮部到暗部间的层次，也称色阶。灰度级越高，层次越丰富，文件所占容量也越大。灰度模式适用于扫描黑白照片、图像档案，色阶的选择要适度，只要不影响图像质量即可；②彩色模式中的色彩数表示颜色的范围，色彩数越多，图像越鲜艳真实，文件所占容量也越大。同样，色彩数选择也要适度，不是越多越好。彩色模式适合扫描页面中有红头、红印章的档案或彩色照片档案。需永久或长期保存，或需向国家档案馆移交的档案，一般应采用彩色模式扫描。

（3）扫描分辨率

扫描分辨率参数大小的选择，原则上以扫描后的图像清晰、完整、不影响图像的利用效果为准。采用黑白二值、灰度、彩色几种模式对档案进行扫描时，其分辨率一般均建议选择大于或等于200dpi。特殊情况下，如文字偏小、密集、清晰度较差等，可适当提高分辨率。需要进行OCR汉字识别的档案，扫描分辨率建议选择300dpi。

（4）OCR处理

目前，OCR技术已经相当成熟，一般扫描仪都自带OCR软件，使用也很方便。然而OCR的识别准确率往往不尽人意，由此影响检索效果。而依靠人工纠正文稿中的错字又非常麻烦。因此，提高OCR识别率是档案数字化中比较重要的问题。其实，只要注意以下几点，就可以明显提高OCR识别率。

第一，选择适当的扫描分辨率。太低的扫描分辨率往往会造成OCR识别率的下降，太高的分辨率会使图像文件过于庞大，且降低识别的速度。在实际操作中，操作人员可通过查看OCR识别后生成文本中的红色错字数量（如小于3%），判断其可接受程度，确定是否采用该分辨率扫描并进行OCR识别。

第二，尽量采用黑白二值模式进行扫描。用扫描仪扫描文件时，通常OCR识别接受灰度或黑白二值模式，不接受彩色模式。如果文稿印刷质量好，可采用灰度模式，否则，宜采用黑白二值模式。扫描时可手工调节黑白阈值的大小，如黑白二值图像上文字轮廓残缺，则适当增加阈值；若文字轮廓线太粗，则表示信息冗余较多，可适当减少阈值。这样调节后形成的黑白二值扫描图像，可以达到较佳的OCR识别效果。

第三，在进行OCR识别时注意文字的倾斜校正。OCR识别允许文稿有细微的倾斜，但是过度倾斜会影响识别率。校正方法是，点击扫描软件上的倾斜校正按钮，识别软件会自动将图像校正，再进行OCR识别。

第四，对稿件进行识别前的预处理。识别前要去除文稿上的杂点和图片，因为杂点会干扰文字识别，图片是不能被识别的，且会影响OCR的文字切分。针对文稿中出现分栏的情况，建议手动设定各栏区域，即用多个框分别选中要识别的文字，然后进行OCR识别。

第五，采用适当的识别方式。简体和繁体混排、中英文混排的文稿往往识别率较低。如果文稿中简繁体、中英文是分块状分布的，可以用图像处理软件，将不同的文字块剪辑成同类文字块合并的文件，然后分别对不同文字进行OCR识别。

(5)扫描登记

认真填写《纸质档案数字化转换过程交接登记表》,登记扫描的页数,核对每份文件的实际扫描页数与档案整理时填写的文件页数是否一致,不一致时应注明具体原因和处理方法。

3.图像处理

扫描完成后,必须按照要求将所得图像进行技术处理,纠正档案扫描件和原件的偏差,使扫描后的档案图文更加清晰、规范。图像处理大致包括以下内容。

(1)图像数据质量检查

对图像偏斜度、清晰度、失真度等进行检查。发现不符合质量要求时,应重新对图像进行处理。由于操作不当,造成扫描的图像文件不完整或无法清晰识别时,应重新扫描;发现文件漏扫时,应及时补扫并正确插入图像;发现扫描图像的排列顺序与档案原件不一致时,应及时调整。认真填写相关表单、记录质检结果和处理意见。

(2)纠偏

对出现偏斜的图像应进行纠偏处理,以达到视觉上基本不感觉偏斜为准。对方向不正确的图像应进行旋转还原,以符合阅读习惯。

(3)去污

对图像页面中出现的影响图像质量的杂质,如黑点、黑线、黑框、黑边等应进行去污处理。处理过程中应注意不要破坏档案的原始信息。

(4)图像拼接

对大幅面档案进行分区扫描形成的多幅图像,应进行拼接处理,合并为一个完整的图像,以保证档案数字化图像的整体性。

(5)裁边

采用彩色模式扫描的图像应进行裁边处理,去除多余的白边,有效缩小图像文件的体积,节省存储空间。

以上纠偏、去污、裁边等处理，可以根据肉眼判断，人工操作完成。也可以用专门设计的软件，预先进行某些设定，然后由计算机自动处理。

4. 图像存储

（1）存储格式

采用黑白二值模式扫描的图像文件，一般采用TIFF（G4）格式存储；采用灰度模式和彩色模式扫描的图像文件，一般采用JPEG格式存储。存储时压缩率的选择，应在保证扫描的图像清晰可读的前提下，以尽量减小存储容量为准则。提供网络查询的扫描图像，也可存储为CEB、PDF或其他版式文件格式。

（2）图像文件的命名

应采用档号或唯一标识符为数字档案资源命名。采用档号为数字档案资源命名的，若以卷为单位整理，按《档号编制规则》（DA/T 13—1994）编制档号，推荐增设档案门类代码作为类别号的子项；若以件为单位整理，档号可采用“全宗号—档案门类代码.年度—保管期限—机构（问题）代码—件号.子件号”结构。

5. 目录建库

（1）数据格式选择

目录建库应选择通用的数据格式，所选定的数据格式应能直接或间接通过XML文档进行数据交换。建立该数据库可以通过专用的档案管理系统或扫描加工管理软件录入，也可以先在Excel专门设计的档案目录表格中录入，然后将数据导入至档案管理系统。

（2）档案著录

按照《档案著录规则》的要求进行著录，建立档案目录数据库，并录入档案目录数据。

（3）目录数据质量检查

为了确保数据的准确性，可采用“单机录入—人工校对”或“双机录入—计算机自动校对”的方法。不管是人工校对还是计算机校对，都要核对著录项目是否完整，著录内容是否规范、准确，发现不合格的数据应进行修改或重录。

6.数据挂接

(1)汇总挂接

档案数字化转换过程中形成的目录数据库与图像文件，经质检环节确认合格后，通过网络及时加载到数据服务器端汇总。目录数据库与图像文件应避免采用既慢又容易出错的人工挂接，尽量采用计算机批量自动挂接。只要扫描制作的数字化文件是按纸质档案的档号命名的，就可以通过编制挂接程序或借助相应软件，实现目录数据对相关联的数字图像的自动搜索、为档案加入对应的电子地址信息等，实现批量、快速挂接。

(2)数据关联

以纸质档案目录数据库为依据，将每一份纸质档案文件扫描所得的一个或多个图像存储为一份图像文件。将图像文件存储到相应文件夹时，要认真核查每一份图像文件的名称与档案目录数据库中该份文件的档号是否相同、图像文件的页数与档案目录数据库中该份文件的页数是否一致、图像文件的总数与目录数据库中文件的总数是否相同等。将每一份图像文件的文件名与档案目录数据库中该份文件的档号，建立起一一对应的关联关系，为实现档案目录数据库与图像文件的自动批量挂接提供条件。

(3)交接登记

认真填写《纸质档案数字化转换过程交接登记表》，记录数据关联后的页数，核对每一份文件关联后的页数与档案整理、扫描时填写的页数是否一致，不一致时应注明具体原因和处理办法。

7.数据验收

数据验收是指以抽检的方式检查已完成数字化转换的所有数据，

包括目录数据库、图像文件及数据挂接的总体质量的过程。目录数据库与图像文件挂接错误，或目录数据库、图像文件出现不完整、不清晰、有错误等质量问题时，抽检标记为“不合格”。一个全宗的档案，数字化转换质量抽检的合格率达到95%以上（含95%）时，予以验收“通过”。

验收过程中必须认真填写《纸质档案数字化验收登记表单》。验收“通过”的结论，必须经审核、签署后方有效。

8. 数据备份

经验收合格的完整数据应及时进行备份。为保证数据安全，备份载体的选择应多样化，可采用在线、离线相结合的方式实现多套备份，并注意异地保存。备份数据也应进行检验，备份数据的检验内容主要包括备份数据能否打开、数据信息是否完整、文件数量是否准确等。数据备份后应在相应的备份介质上做好标签，以便查找和管理。完成后填写《纸质档案数字化备份管理登记表单》。

9. 数字化成果管理

应加强对纸质档案数字化成果的管理，确保其安全、完整和长期可用。纸质档案数字化成果提供网上检索利用时，应有制作单位的电子标识，并根据具体情况分别采用可下载或不可下载的数据格式。

二、照片档案的数字化

与文字档案相比，照片档案能更加生动、直观、真实地还原历史场景和人物特征，是重要的影像记忆和特色鲜明的档案资源。目前，有些老照片已经褪色、发黄、破损，亟待采用数字化手段对其图像信息进行抢救和保护。从工作原理上说，照片档案数字化与纸质档案数字化的操作过程和要求大体相似，但也存在不同。

（一）照片档案数字化的对象

照片档案数字化的对象分底片和照片两种。在有底片的情况下，应优先选择底片。因为底片扫描具有以下优越性。

第一，传统的照相过程是先形成底片（负片），再用底片冲印成照片（正片），因此底片较正片具有更好的原始性和价值性。

第二，对底片直接进行数字化，相比将底片冲印成纸质照片，再对照片进行数字化的处理过程，工序更简单，操作更简便，有利于降低数字化成本，提高工作效率。

第三，传统摄影具有色彩还原真实自然、细节层次精致丰富的特点，较数码摄影仍有一定的优势，因此底片扫描可以显著提高扫描图像的质量。

第四，许多具有档案价值的老照片都以底片方式保存，随着时间的流逝或保管不善很容易褪色、霉变，底片扫描有利于及时地抢救这些珍贵的老照片。

第五，有些行业会形成大量底片档案，如医院的X光片，将其扫描成数字图像，有利于对底片档案进行计算机存储、处理和传输。

（二）照片档案数字化方式

扫描仪扫描输入和数码相机翻拍录入是照片档案数字化所采取的两种主要方式。

1. 扫描仪扫描输入

扫描仪扫描输入是照片档案数字化最常用的方法，可以采用普通的平板扫描仪，也可以用专用的照片扫描仪。与数码相机翻拍录入相比，扫描仪扫描照片操作简单，适用于各类照片档案的数字化处理。

2. 数码相机翻拍

数码相机翻拍虽然比较快捷，但要配置辅助照明设施，拍摄过程中对变焦、曝光等的调控要求较高，拍摄难度比想象中的大。由于普通数码相机在光学成像过程中会产生像差，因此需要使用中高档数码相机。中高档数码相机镜头一般都配有较大值光圈、变焦镜头、高分辨率CCD等，可以保证高质量的拍摄效果。数码照片翻拍最好采用数码翻拍仪，靠手持数码相机拍摄图像，曝光难以掌握，图像也容易变形。如果翻拍的照片变形,可采用Photoshop等软件进行纠正。

(三)位深对数字图像阶调的影响

位图图像中的像素可以代表黑、白、灰色或彩色信息。计算机记录每个像素的光亮信息多少是用比特(bit)位数来衡量的。如果使用一位来记录像素信息,其像素只能是白色或黑色的;使用二位描述像素信息,有四种可能表示灰度的区别;使用8位有256级的灰度;使用24位能够提供1600万个可能的颜色。

位数称为图像的位深。使用位深越高,描述的灰度级越多。它是数字图像反映颜色精度的重要指标。

(四)照片档案的储存格式

数字化的照片档案存储格式比较多,如BMP、JPEG格式等。一般情况下,档案部门可选择JPEG格式来存储照片档案,但是这种格式会损失图像信息。所以对于那些比较重要的、要求高保真度的照片档案就要选择无损方式储存的TIFF格式,这种格式结构灵活、包容性大,易于转换为其他格式。

三、录音档案的数字化

录音档案是以声音为信息表达方式的档案材料,包括纯录音档案和含录音档案。传统档案中,唱片、录音带为纯录音档案,电影胶片、录像带则为含录音档案。录音档案数字化的现实需求强,投入较低,技术实现相对简单,实际效果明显,因此,录音档案数字化应当受到档案部门的高度重视。

(一)录音档案数字化的前期准备

在录音档案数字化前期,首先要制定录音档案数字化方案:选择和配置适用的软硬件系统,确定录音数字化输入的格式、载体,确定录音档案数字化的范围,明确数字化的先后顺序。录音档案能够顺利播放是数字化的前提,数字化前期必须检查录音档案的质量及其完整性。比如旧磁带可能存在不同程度的粘连、信号强度减弱、磁粉脱落等问题，因此数字化前必须对其进行清洁、修复，以确保数字化的质量。

（二）录音档案数字化的流程

1. 音频采集

第一，用连接线将放音机与计算机相连接。

第二，根据声音的质量选择参数，采样频率可选44.1kHz或更低；声音样本的大小可选用16位或更低的；根据原录音带选择声道数，如果是DVD中的声音则选48kHz，此外，还要设定录音质量、时间长度。

第三，在放音机放音的同时启动音频制作软件的录音按钮，并通过音频制作软件调节音量等参数。

2. 音频编辑

在音频采集之后，可使用音频制作软件对音频文件进行编辑处理，以使其符合数字化的要求，主要包括音量调节、音调调整和噪音处理。

3. 音频存储

处理完成之后，选好存储地址，输入文件名，选择文件类型，将其保存。数字音频文件的保存类型和格式有很多，如WAV格式、MP3格式等。

（三）录音档案数字化的后期工作

数字音频文件形成之后，必须将录音档案对应的声音内容以文本方式保存在计算机内，以便对其进行全文检索。每份录音档案原则上对应一份文本文件，该文本文件与录音档案拥有相同的文件名，但扩展名不同。

数字化后的音频文件及其对应的文本文件必须通过建立规范化的录音档案目录数据库或专题目录库来实现对其的有效利用。录音档案数据库除包括一般档案数据库设定的著录项目外，还要包括音频文件存储路径、其对应文本文件的存储路径（或文本文件名）、录音地点、声音来源、原录日期、数字化日期、数字化责任人等内容，并通过数据库的地址链接方式将数字化音频文件与其对应的文本文件联系起来。

（四）录音档案数字化的文件格式

目前流行的音频文件格式主要有以下几种。

1.WAV 格式

WAV 格式是微软公司的声音文件格式，被 Windows 平台及其应用程序广泛支持。该格式支持多种音频数字取样频率和声道，标准格式化的 WAV 文件和 CD 格式一样，也是 44.1kHz 的取样频率、16 位量化数字，因此声音文件质量和 CD 相似。其优点是编码、解码简单，支持无损耗存储；缺点是需要较大的音频存储空间等。

2.MP3 格式

MP3 是一种音频压缩技术，可大幅度地降低音频数据量。它利用 MPEG Audio Layer 3 的技术，将音乐以 1∶10 甚至 1∶12 的压缩率，压缩成容量较小的文件，而音频质量没有明显的下降。

3.WMA 格式

WMA 是微软公司的一种音频格式。WMA 格式以减少数据流量但保持音质的方法达成更高压缩率的目的，生成的文件大小只有 MP3 文件的一半。与 MP3 相同，WMA 也是有损数据压缩的格式，因此在一定程度上会影响声音质量。

4.AAC 格式（MP4 格式）

AAC 所采用的运算法则与 MP3 的运算法则不同，AAC 是通过结合其他的功能来提高编码效率。相对于 MP3 格式，AAC 格式的音质更佳、文件更小。但是，AAC 属于有损压缩的格式，相对于 APE 和 FLAC 等时下流行的无损格式，音色“饱满度”差距比较大。

5.CD 格式

CD 是最传统的非压缩数字音频格式，与标准格式的 WAV 文件一样，均采用 44.1kHz 的采样频率和 16 位采样精度。由于未压缩，它的音频具有高保真性。但是这种格式仅用于光盘存储，占用空间较大。

6.DVD-Audio 格式

DVD-Audio（DVD-A）是一个 DVD 碟片上的数字音频存储格式，采用与 CD 一样的非压缩方式，并且充分利用 DVD 碟片记录容量大的特点提高了对音频信号的采样频率和采样精度，其保真度超过 CD。该格式可附带文字说明或静止画面。

档案部门选择以上格式时应考虑：①音频的保真度，尽量选用无损压缩的格式；②支持附带文字说明（如 DVD-Audio 格式），以便于将档案的著录信息直接嵌入音频文件，用于计算机检索。

四、录像档案的数字化

传统的录像档案是以模拟图像和声音符号记录的，集视听于一体的特殊载体档案。该类型档案容易因磁介质退变、老化造成信号衰减、损失，或因播放设备的淘汰而无法播放。因此，将录像档案由模拟信号转为数字信号已经成为抢救录像档案的当务之急。

（一）录像档案数字化的硬件配置

1. 视频采集计算机

计算机配置视频卡才能实现录像档案数字化。视频卡的功能是将录像带保存的模拟信号转换为数字信号，并保存在计算机中。视频卡的质量决定着录像档案数字化工作的质量。目前市场上的视频卡很多，档次不一，应根据需要合理选用 MPEG-1 或 MPEG-2 卡。由于数字录像档案的数据量很大，对计算机的速度要求很高，因此电脑 CPU 最好有 3GHz 主频。采集 DV 视频信号数据量大，传输速度要求高，不能用普通 USB 2.0 接口传输，建议使用 IEEE 1394（又称火线）接口，即视频采集计算机必须带有 IEEE 1394 接口，才能有足够的速度将 DV 拍摄的模拟信号无损伤地采集到计算机系统中去。

2. 存储介质

数字录像档案的存储介质与数字录音档案一样，主要有 DVD-R、

DVD-RW、磁带、硬盘等。考虑到通用性、容量等因素，建议用DVD-R或移动硬盘作为数字录像档案的脱机存储介质。

（二）录像档案数字化的软件配置

各种视频编辑软件，如Adobe Premiere Pro、Corel Videostudio以及其他视频编辑软件等都提供屏幕捕捉功能，能将DV录像信号转换成数字信号输入计算机系统。由此，视频采集前须安装某种视频编辑软件。

（三）录像档案数字化的工作流程

录像档案采集完成输入计算机时，模拟图像信号和模拟音频信号是分离的，各自输入计算机的视频采集部件和音频采集部件，在视频采集软件的统一控制下，由视频采集软件同步采集视频、音频信号，从而获得包含音频的数字视频数据。录像档案数字化工作流程与录音档案数字化工作流程有相似之处，可分为如下阶段。

1.数字化前期准备

首先，根据各单位录像档案的实际情况制定录像档案数字化方案，确定录像档案数字化的范围，合理安排数字化工作的先后次序。其次，将录像档案从库房中取出，检查录像档案的质量和完整性，并做记录，修复受损的录像档案，以满足数字化工作的需求。

2.数字化阶段

（1）视频采集

准备好数字化工作所需的软硬件设备，将放像设备与视频采集设备相连接。打开视频编辑软件，设置各种参数，监控计算机上播放的视频质量；预先设定所需生成的视频文件的格式、设置视频文件的各项参数；参数设置后预览视频信号，若不符合要求则进行适当调整，以使视频质量达到最优。此后，便可正式进行视频采集。视频采集不能快进，即如果DV录像是60分钟，则采集时间也是60分钟。

(2)视频编辑

视频采集完成后,要用视频编辑软件对其进行剪辑、编排,并调整视频效果,以使其满足需求。

(3)视频存储

采集完成后形成的视频文件应当按规范命名,形成电子档案管理要求的规范格式,一般采用AVI或MPEG-2格式,也可采用WMV、MP4、MOV等流行格式存储一套复制件。MPEG-1是曾经流行的视频格式,该格式图像质量较差,已经过时,现在一般不采用。视频文件可采用移动硬盘、DVD-R等脱机载体存储,如果要提供共享查询,则需要将其上传到网络服务器中保存。

3.数字化后期工作

为了方便用户查找利用数字录像档案,档案部门需建立数据库。数据库包括两部分:①数字录像档案目录;②数字录像档案文件。两部分内容之间须建立链接,以使用户可以方便地在数据库中查找所需数字录像档案文件。

(四)录像档案数字化的文件格式

1.AVI格式

音频视频交错格式(Audio Video Interleaved, AVI)是微软公司在1992年推出的可以将语音和影像同步组合在一起的文件格式。它采用了有损压缩方式,支持256色和RLE压缩,压缩比较高,因此画面质量不太好,但其应用范围非常广泛。AVI信息主要应用在多媒体光盘上,用来保存电视、电影等各种影像信息。AVI是我国电子文件管理国家标准认可的视频文件归档格式之一。

2.MPEG格式

动态图像专家组格式(Moving Picture Experts Group, MPEG)是运动图像压缩算法的国际标准,它采用有损压缩,同时保证图像的显示质量。MPEG标准主要有MPEG-1、MPEG-2、MPEG-4等。MPEG-1于

1992年制定，为工业级标准，适用于不同带宽的设备，传输速率为1.5MB/s，每秒播放30帧，按照该标准制作的视频是VCD格式，图像质量较差。MPEG-2于1994年制定，设计目标是高级工业标准的图像质量以及3~10MB/s的传输率，其在NTSC制式下的分辨率可达720×486，按照该标准制作的视频是DVD格式，图像质量明显优于MPEG-1。MPEG-4于1998年制定，是出于网络播放目的而设计的流式视频文件格式标准，它传输速率为4.8 ~ 6.4MB/s，能以较少的数据获得最佳的图像质量。

3.MOV格式

MOV即QuickTime影片格式，它是Apple公司开发的一种音频、视频文件格式。MOV格式的文件通常用QuickTime作为播放器，具有较高的压缩比和完美的视频清晰度，其压缩方式和AVI类似，但其画面质量高于AVI，几乎支持所有主流PC机操作系统。

4.WMV格式

WMV（Windows Media Video）是微软推出的一种流媒体格式，它是由ASF（Advanced Streaming Format）格式升级延伸得来。在同等视频质量下，WMV格式的文件可以边下载边播放，因此很适合在网上播放和传输。

在选取数字视频文件的格式时，要综合考虑其通用性、保真性和方便性。就综合而言，MPEG-2压缩标准的视频格式在各个方面都优于其他格式。因为MPEG-2是一个国际化的系列标准，具有良好的兼容性和通用性，较其他压缩算法能够提供更好的压缩比，并已经成为市场的主流。

五、数字化成果的存储格式选择

对于各类档案数字化后形成的数字化成果，需要正确选择其存储格式，这关系到数字化成果的质量、管理成本、查询利用效率。由于数字化技术的迅速发展，现有格式不断升级，新的格式不断出现，数字化成果的存储格式也不会一成不变。

一般在选择长期保存的格式时应综合考虑以下因素：一是兼容性强，可以在不同的计算机平台上显示和运行。二是保真度高，能在不同的技术环境下保持纸质档案的原始质量和版面。三是压缩比高，高效的数据无损压缩，可保证档案数字化成果存储占据容量小，便于高效率地移植、传播和显示。四是字体独立，可自带文字、字形、格式、颜色，以及独立于设备和分辨率的图形图像，可在各种环境下被准确还原。五是可自带元数据，准确记录档案数字化成果的形成、变化过程，以证明档案文件的真实、完整和有效。六是支持多媒体信息，不仅可以包含文字、图形和图像等静态页面信息，还可以包含音频、视频和超文本等动态信息。

六、档案数字化成果的格式转换

在档案数字化成果的管理中，为了维护数字化成果的长期有效性，经常需要将非通用格式转换成相对通用的推荐格式，或为了满足不同播放器播放、不同软件编辑的需要，进行档案文件的格式转换。目前，许多软件都可以对打开的文件用“另存为”的方法实现格式转换。但是这种方法只能对文件逐件地转换，效率低，且转换的格式种类比较有限。如何对档案数字化成果进行批量、高效率的格式转换，这是多媒体电子文件管理、编辑中经常需要做的“功课”。当前能批量转换格式的软件比较多，这里推荐一款多功能的电子文件格式转换软件——格式工厂（Format Factory）。该软件可从网上免费下载，尤其适用于Windows操作系统。它具有以下强大的功能：一是支持几乎所有类型的视频、音频、图像、文字类档案文件，包括当前流行的iPhone/iPod/PSP等媒体定制格式的转换，可谓“文件格式万能转换器”。二是转换时可以设置文件输出位置、方式、大小等，还可以修复某些损坏的视频文件。三是转换图片文件时支持文件缩放、旋转、水印等功能。四是能对批量电子文件进行转换，转换速度快。五是具有DVD视频抓取功能，能轻松地将DVD备份到本地硬盘。六是支持60个国家的语言。

用户只要在界面左侧选择需要转换的文件格式，屏幕立即会弹出选择文件的界面，然后用户可批量选择需要转换的档案文件，该软件即可根据预先设置的各种参数，自动批量进行转换，效率颇高，使用也十分简便。

第二节　电子文档归档与电子档案移交

一、电子文件的特性

顾名思义，电子文件就是“电子”加“文件”。“文件”是电子文件的功能属性，是共性；“电子”是电子文件的技术属性，是特性。了解电子文件的特性对于管好电子文件非常重要。

（一）信息的非人工识读性

信息的非人工识读性表现在两个方面：一是电子文件使用了人们不可直接识读的记录符号——数字式代码，即将输入计算机的任何种类的信息都转换成二进制代码。对于这种经过复杂编制的二进制代码，人工无法直接破译它的含义，只有通过计算机特定的程序解码，使之还原为输入前的状态，才能被人识读。所以，电子文件在给人类带来极大方便的同时，也使其内部实现机制变得越来越复杂。二是电子文件存储在载体上，人们无法直接通过载体阅读，必须通过计算机等设备显现，才能识读。

（二）系统的依赖性

电子文件对系统的依赖性包含两个方面：一是电子文件的形成、流转、归档等全部管理活动都必须借助于计算机系统才能实现。离开计算机系统，人就无法识读和管理电子文件。二是生成文件的软硬件系统一旦更新换代，会造成电子文件的失真、失效，无法还原。

(三)信息与特定记录载体之间的可分离性

电子文件中的信息不再具有固定的物理位置,也不再对特定记录载体"从一而终",而是可以根据需要随时改变其存储空间,也可以改变其在硬盘上的存址,或在不同存储介质之间转换。信息与载体之间的可分离性使电子文件不再具有物理意义上的"实体"状态,而成为人们所形象指称的"非实体文件"或"虚拟文件"。

(四)信息的可变性

造成电子文件信息可变性的情况很多。首先,计算机系统中信息的相对独立性使得对信息的增删更改变得十分容易,而且修改之后看不出任何改动过的痕迹;其次,电子文件在形成、归档、管理和利用过程中会形成大量的动态文档,而动态文档中的数据不断地被更新或补充,以反映最新情况;最后,存储载体和信息技术的不稳定性,新的信息编码方案、存储格式、系统软件不断出现,对电子文件的稳定性产生了巨大的冲击,新的系统要求将电子文件转换成某种标准格式或新的文件格式,往往会造成电子文件信息的损失、变异。

(五)信息存储的高密度性

电子文件的存储密度大大高于以往各种人工可直接识读的信息存储介质。一张4.75英寸CD光盘(650~750MB)可存储3亿至4亿个汉字或A4幅面的文稿图像数千页,DVD光盘单面单层容量可达4.7GB,单面单层蓝光盘的存储容量可达25GB,而各种类型的存储卡则存储密度更高,计算机存储载体的海量化正呈加速发展态势。

(六)多种媒体信息的集成性

电子文件可以将文字、图形、图像、影像、声音等各种信息形式加以有机组合,形成"多媒体文件"。这种文件将文字、图像、声音等表现媒体融为一体,图文声像并茂地展示,能够更加真实地再现记录的场景,从而强化了档案对社会活动的过程记忆和生动再现功能。

(七)信息的可操作性

电子文件中的信息可以随时根据人们的需要,便捷、灵活地加以编辑、复制、删除,或进行多媒体合成,或按照特定的需要排列组合,或进行压缩和解压,或进行格式和数据结构的转换,或通过各种传播媒体传递给远程用户,显著提升了人对信息资源的管控能力和利用能力。

以上每一个电子文件的特点既有它的优点,也有缺点。管理电子文件的基本思路是:扬长避短、趋利避害,用新的管理理念、管理方法和管理技术,将其优势放大再放大,将其劣势缩小再缩小。

二、电子文件归档的含义和特点

电子文件归档是将应归档的电子文件经过整理,确定其档案属性后,从计算机存储器或其网络存储器上拷贝、刻录到可脱机保存的存储载体上向档案部门移交,或通过网络将电子文件转移存储到由档案部门控制的计算机系统中,以便长期保存的工作过程。归档是文件生命周期中的一个重要环节,是文件和档案的分界线,标志着电子文件管理责任由文件形成部门向档案部门的正式转移。电子文件归档是我国归档制度中的一个重要方面,它除了要遵循传统文件归档的要求外,还要考虑到电子文件的特点。

(一)归档时间前置

纸质文件一般在文件处理完毕之后的第二年完成归档。电子文件因其信息和载体的可分离性,随时面临着被篡改、破坏的风险,因此在归档过程中必须贯彻前端控制和全程管理的原则。电子文件处理完成后要及时归档。在设计电子文件管理系统时,就要考虑到归档要素和电子文件的真实性、完整性、有效性和安全性保障措施。①

(二)归档形式多元互补

电子文件的归档形式分为在线归档和离线归档。电子文件的归档按照鉴定标识进行,各单位可以通过计算机网络进行在线归档,也

①丁海斌,赵淑梅.电子文件管理基础[M].北京:中国档案出版社,2007.

可以将电子文件存储在脱机载体上进行离线归档。网络条件不符合国家有关保密法律法规规定的单位,其涉密电子文件不能在线归档,只能离线归档。

(三)归档范围扩大

电子文件的特殊性决定了电子文件归档的范围有所扩大。纸质文件的内容、结构、背景信息是固化在纸张上的,而电子文件的三要素有可能是分离的,要保证电子文件的真实性和完整性,必须及时获取电子文件的结构和背景信息,因此,电子文件的背景和结构信息必须被纳入归档范围,形成电子文件的支持和辅助性文件,计算机、操作系统和应用软件的说明性文件也必须列入归档范围之中。此外,归档电子文件不能仅局限于文字类文件,还应当包括图像、声音、视频及超媒体文件。

(四)归档实体移交与权责移交的分离

在线归档的出现使电子文件实体移交与权责移交出现了分离。传统文件管理中,文件的管理权是随着文件的归档由文书部门转移到档案部门的,是实体保管者与信息管理者的统一。而电子文件的实体与其信息的管理权责却是可以分离的。电子文件的在线归档,使档案部门并不一定拥有电子文件实体,但仍可以实现对电子文件的掌控,从侧面反映了电子环境中档案管理的工作重点由实体管理向信息管理的转移。

(五)电子文件归档份数较多

离线归档的电子文件,至少一式三套:一套封存保管(一般称为A套);一套提供利用(一般称为B套);必要时,复制第三套,异地保存(一般称为C套)。

电子文件在长期保存过程中可能会受到不可抗因素的影响导致信息变异或失真,出现读取错误,而多套同时出错的概率较低,所以多套保存可以大大提高电子文件的安全性和可靠性。

三、电子文件归档的范围

《电子文件归档与管理规范》规定："电子文件的归档范围参照国家关于纸质材料归档的有关规定执行，并应包括相应的背景信息和元数据。"其中"国家关于纸质文件材料归档的有关规定"当前主要是指国家档案局2006年发布的8号令《机关文件材料归档范围和文书档案保管期限规定》、国家档案局2012年发布的10号令《企业文件材料归档范围和档案保管期限规定》，以及其他有关科技文件、专门文件归档范围的规定和本地档案行政管理部门的有关规定。具体来说，电子文件的归档范围主要有以下几点。

第一，在本机构行使职能活动、业务管理及行政管理活动过程中形成的，有纸质文件对应的电子文件，参照国家有关归档范围和保管期限规定归档。对于需要保存草稿及过程稿的电子文件，需要按照版本管理的要求添加版本号，并和正本一并归档。

第二，在行使和拓展本机关职能活动过程中，利用信息系统产生的无纸化新型电子文件，如网站、电子邮件、微博、微信等电子文件，也要列入归档范围。

第三，各种数据文件，如数据库、图形库和方法库等。由于数据库是动态的，对于这种数据文件应定期拷贝，作为一个数据集归档。

第四，为保证电子文件的长期可读性，其支持软件，包括操作系统、应用软件及相关代码库、参数设置等也需要归档。

第五，有助于确保电子文件真实、完整、有效、安全的有关元数据、说明性材料也要归档。

第六，对于必须实行"双套制"保存的电子档案，应归档相同内容的纸质文件，并在有关目录中建立电子文件和纸质文件之间的关联关系。

四、电子文件归档的方式

(一)按照归档电子文件的实际存储位置分类

1. 物理归档

物理归档是指把电子文件集中下载到可脱机保存的载体上,向档案部门移交的过程。物理归档类似于纸质文件的实体归档,这种方式将电子文件的保管权直接交给档案部门统一存储保管,该保管系统由档案部门统一维护,因此安全性会比较高。

2. 逻辑归档

逻辑归档是指在计算机网络上进行,不改变原存储方式和位置而实现将电子文件的管理权限向档案部门移交的过程。这种方法将电子文件仍然存储在形成文件的业务系统中,但是归档文件的著录信息、存储地址及元数据应自动保存到档案部门的数据库中,以便档案部门对其进行控制。逻辑归档虽然不妨碍电子文件的共享利用,但是分散存储会给电子文件带来一定的安全风险,需要档案部门加强安全检查和督促。

(二)按照归档电子文件的移交方式分类

1. 在线归档

在线归档是指通过计算机网络,将电子文件及元数据向档案部门移交的过程。在线归档必须建立在网络联通的条件下,网络的带宽、速度会影响在线归档的进行。一般来说,文本类电子文件的在线归档没有问题,但是多媒体电子文件的在线归档就要考虑网络带宽是否能承受多媒体文件的容量,或避开网络使用高峰时间进行在线归档,否则会严重影响网络信息共享利用。

2. 离线归档

离线归档是指将电子文件及其元数据存储到可脱机存储的载体上,向档案部门移交的过程。当电子文件的形成系统没有在线归档功能时,或当归档管理机构没有电子文件和档案管理系统时,可采取离线归档方式。如工程建设的施工单位、建设单位与档案部门在没有在线归档的条件时，可在工程项目结束后将电子文件拷贝到光盘或硬盘上向档案部门归档移交。

五、电子文件归档的要求

电子文件的归档应以国家有关规定和标准为依据，做到真实、完整和有效，以实现档案的价值，便于社会各方利用。除此之外，还应针对电子文件的特性，满足以下要求。

（一）归档范围和保管期限要求

电子文件应准确划分归档范围和保管期限，具有保存价值的照片、音视频文件和公务电子邮件等电子文件也应当列入归档范围；电子文件的正本、定稿、签发稿、处理单等，重要电子文件的修改稿和留痕信息也应当完整归档。

（二）双套制归档要求

具有永久保存价值或者其他重要价值的电子文件，应当转换为纸质文件或缩微品同时归档。定期保存的电子文件，由电子文件的形成单位根据实际需要决定是否采用异质双套归档。法律法规中规定不适用电子签名的电子文件，归档时应附加有法律效力的纸质签署文件。

（三）载体要求

把带有归档标识的电子文件集中起来，制成归档数据集，存储至耐久的载体上。电子文件归档推荐使用的载体，按优先顺序依次为：只读光盘、一次写光盘、磁带、可擦写光盘、硬磁盘等。

（四）归档载体标签要求

存储电子文件的载体或装具上应贴有标签，标签上应注明载体序号、宗号、类别号、密级、保管期限、存入日期等，归档后电子文件的载体应设置成禁止写入操作的状态。用作电子文件归档或电子档案保存的光盘不能贴标签，该标签必须用特制的光盘标签打印机打印在特制的光盘空白背面上。因为对于高速旋转的光盘来说，贴上标签会造成光盘高速旋转时重力不均和抖动，损坏光盘或光盘驱动器。没有光盘标签打印机的，可用光盘标签专用笔在光盘标签面上手工书写编号。

（五）真实性要求

电子文件形成部门须对归档电子文件内容的可靠性、稿本的准确性以及双套文件的一致性加以确认。

（六）完整性要求

确保归档电子文件和相关文件及元数据齐全，且关联有效。为了保障电子文件的真实、完整、有效，可以将电子文件的办文单打印成纸质文件，与电子文件一并归档。

将相应的电子文件机读目录、相关软件、其他说明等一同归档，并附《归档电子文件登记表》。《归档电子文件登记表》可以制成电子表格，由系统根据归档电子文件的机读目录或著录、标引信息自动填写。归档时应将电子文件及其机读目录、登记表同时移交给档案部门，《归档电子文件登记表》如果是数字形式的，还应附有纸质打印件。

归档完毕后，电子文件形成部门应将存有归档前电子文件的载体保存至少一年。

六、电子文件的组盘

常用的电子文件存储载体是磁盘、磁带、光盘。其中光盘具有存储容量大、运行速度快、存储稳定性较好、只读光盘能防删改等优点，因此，光盘是目前存储电子文件的较佳载体。为了方便管理和查找利用，对于脱机保存的电子文件需要按一定的规则组合到同一张光盘中，简称“组盘”。由于DVD光盘容量大且技术和标准日趋成熟，因此，电子文件的脱机保存应当采用只读的DVD光盘，即DVD-R。

虽然组盘和传统的纸质文件组卷在概念和方法上有很大的区别，但是也应当从保持文件的自然联系和方便管理利用出发，遵循一些基本规则：①将同一保管期限的文件进行组合，以便于按不同期限定期拷贝光盘，延长电子文件的保管寿命；②将同一密级的文件组合，以便于保密和安全管理；③将同一部门的文件组合，以便于查找、利用和复制；④将同一档案类别、同一工程项目、同一设备项目的文件尽量存储在同一光盘上，以方便利用；⑤按规范著录规则建立盘内文件目录，并将电子文件与相关条目建立链接关系，以便查找目录时立即能调阅相应的电子文件；⑥如果盘内有非通用格式的电子文件，应当将相应的运行软件一并存入该盘内，以便电子文件的打开和阅读。

盘内文件的组合也应当采用文件夹管理方式，文件夹的设置规范可根据以上组盘原则由各单位自行设定。现以基建工程档案为例，推荐以下组盘方法。

（一）从工程类电子文件的特点出发将存储标准规定为三种格式

A类：采用形成时的原始文件格式，以保留所有形成信息，满足档案原始性的要求，并便于技术改造中图纸的修改，规定为DWG、RTF、XLS格式。

B类：采用转换格式，用于查询浏览和打印输出，确保能被准确地还原成纸质文件，并便于在线检索，规定为PDF、TIFF格式。

C类：将非常用软硬件环境下形成的文件转换成中间文件格式，当需要时可将其转换成各种需要的文件格式，规定为DXF、TXT格式。

为了满足不同的需要，归档时一般同时采用两种格式，即B类+A类文件或B类+C类文件。

（二）每张光盘内文件夹的存储方法

第一，在根目录下存储一个说明文件，如起名为README.TXT，用于说明该光盘的基本信息，如光盘编号、工程名称、制作单位、归档部门、制作时间等。

第二，在根目录下存储一个辅读信息文件，如起名为ASSIST.TXT，用于列出读取光盘内各种格式电子文件的环境信息，如光盘使用的硬件型号、软件名称、版本等。

第三，在根目录下存储一个目录文件，如起名为CATALOG.XLS，用于存储光盘内电子文件目录信息，该目录须采用档案著录规则，其中的每个条目最好都与盘内相关的文件建立链接关系。由于该目录采用Excel制作，因此用该目录就能独立实现盘内文件的查找。

第四，设置“数据1”子目录，用于存储与上述目录相对应的B类文件。

第五，设置“数据2”子目录，用于存储与上述目录相对应的A类和C类文件。

第六，设置“其他”子目录，用于存储相关字库、符号库、数据字典、系统运行软件等能保证盘内电子文件准确还原的各种辅助文件或说明文件。

（三）制定电子文件归档和电子档案管理的制度规范

首先，要求电子文件形成机构保证移交的电子文件是完整的、真实的、有效的；保证两种格式电子文件与相应纸质文件内容、版式是一致的；档案部门接收后保证在保管期间不失真等。其次，由于只读光盘具有不可更改、不可重写和不可擦除的特性，因此选用只读光盘作为电子文件交换的载体，要求形成机构将两种格式的电子文件刻录到只读光盘上移交给档案部门，光盘背面特制清晰的、不易被擦除的光盘标记及责任人手写签名。最后，形成机构还须打印归档电子文件清单，由交接双方验收签字后各持一份，作为归档电子文件的交接凭证。

七、电子文件的规范命名

电子文件制作完毕后需要对保存的稿本命名，以便以后查询利用。电子文件名通常由“主名+扩展名”组成。其中扩展名代表了电子文件的类型，通常由计算机自动产生。规范电子文件的主名是规范电子文件管理的重要基础工作，随意命名会给管理造成麻烦甚至导致混乱。

（一）规范命名的要求

第一，唯一。如果有两个或者多个电子文件重名，在数据库调用该文件时就会发生混乱。因此,在同一文件夹中的电子文件不允许重名。如果重名,则后存盘的电子文件会将前存盘的电子文件覆盖。

第二,直观。直观的命名能够简要地概括文件的内容,是查找文件的重要线索,也便于利用。电子文件命名应当实行“实名制”,即将文件的重要著录项直接注入主名中。

第三,简洁。命名要简洁明了,不宜过长,过长难以辨认,且计算机软件会自动拒绝。另外,命名中不能夹带某些特殊符号,如半角的“\ / < > ?”等。

第四,参照。采用“双套制”归档模式的,电子文件命名要便于与同样内容的纸质文件建立相互参照关系。

(二)规范命名的方法

根据以上原则,介绍几种常用的命名方法。

第一,归档前可用“文号+稿本号+文件标题+.扩展名”命名,各要素之间用符号(如“-”)进行分割,如“××〔2006〕1号-稿3-关于加强档案信息资源开发利用工作的通知.PDF”。这种命名还可以加上“形成者”“形成时间”等文件要素。其最大优点是直观,能通过命名知道文件的大概内容,便于通过Windows资源管理器、Excel等流行的工具直接检索。目前计算机允许电子文件的命名长度达247个汉字,足以支持该命名方式。该方法适用于在办公自动化管理中形成的电子文件,可由业务部门的文件管理人员在文件形成后按规范直接命名。

第二,归档后采用“全宗号+档案门类代码+年度+保管期限代码+机构(问题)代码+件号+子件号+.扩展名”命名。如“X043-WS.2015-Y-BGS-0026.001.jpg”。该方法的优点是:由于档号唯一,因此能避免重名;由于档号中一般有分类号,因此便于识别内容;由于采用纸质档案的档号,因此便于与纸质档案相互参照。这种方法一般适用于“双套制”归档的电子文件、纸质档案扫描件或需要长期保存的电子档案。

第三，采用“随机号+.扩展名”命名，随机号一般是计算机自动生成的32位代码。该随机号唯一的优点是不会重名，缺点是很不直观，也无法与纸质档案参照，必须完全依靠目录数据库才能对电子文件进行管理和查询。使用本方法一般要安装专用的电子文件归档和电子档案管理系统。因此，使用本命名方法有一定的风险，如当支持其运行的应用软件发生故障或瘫痪时，文件就无法查询利用。

有些单位在电子文件归档时将以第三种方法命名的电子文件转换为第一或第二种命名方式，或者组合运用前两种命名方式，其转换一般须借助计算机系统自动完成。

此外，对于基建或设备类电子文件也可以采用“项目编号+子件号+.扩展名”“项目编号+阶段号+子件号+.扩展名”或“图号+子件号+.扩展名”等方法命名。这些方法也都符合上述电子文件命名的四项基本要求。

八、电子档案的移交

归档后，电子文件按有关规定移交至档案室等档案保管部门，作为电子档案进行集中保管，这是归档的最后实施环节。

（一）移交时间

电子文件的在线归档和离线归档，一般是在年度或文件所针对的任务完成后，或一个阶段之后的一段时间内进行归档移交，具体可视情况而定。如管理性文件可按照内容特点确定一个归档期限；技术文件、科研项目文件等则可在项目完成后归档移交。因涉及电子文件的技术环境条件、存储载体质量、寿命等问题，一般以不超过3个月为宜。

（二）移交的基本要求

第一，元数据应当与电子档案一起移交，一般采用基于XML的封装方式组织归档数据结构。

第二，电子档案的移交格式按照国家有关规定执行。

第三,电子档案有相应纸质、缩微制品等载体的,应当在元数据中著录相关信息。

第四,采用技术手段加密的电子档案应当解密后移交,压缩的电子档案应当解压缩后移交。特殊格式的电子档案应当与其读取平台一起移交。

(三)移交检验

在接收电子档案之前,应对电子档案及其技术环境进行检验,合格率达到100%时方可进行交接。

检验项目主要有以下内容:①载体有无划痕,是否清洁;②有无病毒;③核实电子档案的真实性、完整性、有效性及审核手续;④核实登记表、软件、说明材料等是否齐全;⑤对特殊格式的电子档案,应核实其相关的软件、版本、操作手册等是否可用和完整;⑥检验结果分别由移交单位、接收单位填入《电子档案移交、接收检验登记表》的相应栏目。

档案保管部门应按照要求及检验项目对电子档案逐一验收。对检验不合格的,应退回形成部门重新制作整理后再次移交。

(四)移交方式

电子档案的移交可采用离线或在线方式进行。

离线移交归档电子文件应当满足下列基本要求:移交单位一般采用光盘移交电子档案,光盘应符合移交要求;移交单位应当按照有关要求进行光盘数据刻录及检测;存储电子档案的载体和载体盒上应当分别标注反映其内容的标签;移交载体内电子档案的存储结构应符合《电子文件归档与管理规范》等国家和本地区的有关规定。

在线移交电子档案的单位应当通过与保密级别和管理要求相匹配的网络系统传输符合要求的电子档案及其元数据。

(五)移交手续

档案保管部门验收合格,完成《归档电子档案移交、接收检验登记表》的填写、签署环节。登记表一式两份,一份交电子档案形成机构,一份由档案保管部门保存。在已联网的情况下,电子档案的移交和接收工作可在网络上进行,但仍需履行相应的手续。

第三节 档案数据库的建设

一、档案数据库建设的意义

(一)是档案信息化水平的重要标志

我国档案信息化建设自20世纪80年代起步以来,积极致力于档案目录数据库建设,建立了档案目录中心,显著提高了档案管理的效率和质量,方便了档案的查找利用和资源共享,成为档案信息化建设最早、最直接获得的成果,也增强了档案工作者对档案信息化的认识和信心。实践证明,档案数据库建设的规模和质量不但是档案信息化的核心任务,而且是衡量档案信息化水平的重要标志。

(二)是档案信息资源建设的基础

归档文件材料属于一次档案文献,它虽然具有原始性,但是无序的、分散的、非结构化的档案信息,难以形成资源优势,不便于集中管理和广泛共享。档案目录数据库建设的实质是通过对档案内容和形式特征的分析、选择及记录,采用数据库管理技术,将档案著录信息输入计算机系统,形成二次档案文献,即结构化的档案信息。此举可有效提高档案信息的丰裕度、凝聚度、集成度、融合度、共享度、适用度和价值密度,降低其失真、失全、失效和失密的风险,从而形成档案资源体系,提升档案信息化的综合实力。没有高质量的数据库,好的软硬件系统只能是“空壳”。

(三)是开发利用档案信息资源的前提

档案信息化的主要目的是将对档案的实体管理转变为对档案信

息的管理，也即对档案内容的管理，这是信息技术的优势所在，也是传统管理的最大难点。建设档案数据库，有利于加快推进档案信息资源的整合和共享，使档案信息真正成为优质资源和共享资源；有利于信息技术和大数据技术的应用，促进档案信息的资源体系、服务体系和安全体系建设；有利于最大限度地发挥档案价值，从而为档案信息资源的开发利用创造有利的条件。没有档案数据库，档案信息化就是空中楼阁，流于形式。

二、档案目录数据库建设

档案目录数据库中的记录又称为"档案机读目录"或"档案电子目录"，是存储在计算机内，使用某种数据库管理系统组织管理档案目录的数据集合。

（一）档案目录数据库的结构设计

根据著录对象的层次不同，档案目录数据库分为案卷级目录数据库和文件级目录数据库两类。为实现计算机检索，必须将反映档案内容特征和形式特征的案卷级著录信息和文件级著录信息输入计算机数据库，由计算机系统通过专门的数据库管理系统和档案管理软件对其进行采集、加工、整理和检索。

数据库管理系统是存储、管理档案目录信息的最佳工具，它按照一定的数据模型，将相互联系的结构化信息以特定的方式组织存储起来，构成数据集合。档案目录数据库的结构设计包括两项内容。

1.选择档案著录项目

《档案著录规则》规定了档案进行著录的项目和形式。该标准规定的著录项目共分7项，每项分若干著录小项（单元）。在列举的22个著录小项中，只有正题名、责任者、时间项、分类号、档号、电子文档号、缩微号、主题词或关键词等8项为必要项目，其余为选择项目，这意味着不同的档案目录数据库在项目选择上可能存在较大差别。

事实上，《档案著录规则》主要用于规范传统档案目录的著录标引工作，对电子档案目录的检索和网络共享考虑不够充分。因此，目前在构建档案目录数据库时常常增加一些新的著录项目。例如，为便于解决数据访问权限的控制问题，增加“主办部门”和“协办部门”项目；为便于调阅数字化的档案全文，增加“全文标识”项目；为解决跨地区、跨层次数据共享，增加“组织机构代码”项目等。另外，2000年颁布的《归档文件整理规则》(DA/T 22—2000)也为档案目录数据库著录项目的确定带来了较大影响，采用新规则形成的文件目录数据库在结构上与此前的文件目录数据库有所不同，许多地方对传统文件与电子文件分别规定了不同的库结构。国家档案局于2015年对《归档文件整理规则》进行了重新修订，标准号DT/A 22—2015，这是我国机关档案工作改革的一项重大举措。

2.确定著录项目的数据格式

数据格式具体规定每个著录项目(记录字段)的数据类型和字段长度。数据库管理系统所管理的数据对象是结构化的，因此必须事先确定好档案目录数据库各字段的名称、字段类型、代码体系和约束条件等。①

(二)档案文件的著录标引和著录信息录入

档案文件的著录标引和著录信息录入，是档案目录数据库建立的重要工作和档案信息化的关键环节，意义十分重大，需要给予高度重视。从形式上看，“著录”和“录入”是两项工作，而在档案信息系统的操作中往往是结合起来、交叉进行的，即一边著录标引，一边录入数据。为了提高档案著录、数据录入的速度和质量，须从以下三个方面采取对策。

1.提高认识，增强操作人员的责任心

档案著录和数据录入工作的重要意义在于：①大规模、高质量的档案目录数据是实现档案信息化价值的前提。信息行业有一句行话：

①钱毅. 档案数据库的规范和质量控制[M]. 北京：中国传媒大学出版社，2007.

“三分靠硬件，七分靠软件，十二分靠数据。”没有实力强大的数据库，再先进的档案信息系统也只能是空中楼阁，形同虚设；②数据质量问题会给档案信息系统埋下隐患。信息行业还有一句行话：“计算机系统输入的是垃圾，输出的也必然是垃圾，绝不会成为宝贝。”一旦输入了数据垃圾，计算机软硬件技术难以自动消除之。档案数据库质量控制有“技防”和“人防”两种，其中人防，即提高人的责任心和操作技能永远是第一位的。因此，要从培养操作人员的素质抓起，落实工作职责和考核办法，实现对档案文件的著录标引和著录信息录入工作的精细化管理。

2.严格按照国家规范设计数据库结构

档案信息化建设单位应当严格按照《档案著录规则》、《档案分类标引规则》(GB/T 15418—2009)、《档案主题标引规则》(DA/T 19—1999)、《中国档案分类法》和《中国档案主题词表》等国家相关标准规范的规定，结合实际，制定本行业、本专业、本单位的标准和规范，为档案数据库建设提供标准支持。要维护标准和规范的权威性，在档案信息系统开发，特别是数据库结构设计时应严格执行相关标准和规范，防止数据库设计的盲目性和随意性，确保档案数据的一致性、准确性和规范性。

3.采取有效的技术手段提高数据录入的速度和质量

档案文件的著录标引和录入工作十分枯燥，不但效率低，而且容易引起操作疲劳而出错。因此，应当在加强“人防”的同时，尽量采用“技防”。事实上，计算机技术的发展已经为提高数据录入的速度和质量准备了充分的手段。

(1)在数据库建设中控制数据结构定义

为了提高系统的适用性和可扩展性，很多档案信息系统都为用户提供了灵活的数据库自定义功能，然而这项功能如不加以控制就会造成“乱定义”，即定义的随意性。因此，在设计档案信息系统自定义功能时，应当将数据库的表字段设计分为“必选项”和“可选项”。必选项严格按照《档案著录规则》设置，不允许自定义，可选项可在规范引导下进行自定义。

(2)利用计算机智能，自动录入数据

在录入档案数据时，某些档案著录项可以通过计算机自动处理后录入数据，如自动生成档号、序号、部门号、库位号；根据文件级著录的文件页数、文件日期，自动生成案卷级文件页数、起止日期；根据文件的归档类目号，自动生成分类号；根据文件标题或文件内容，自动标引主题词等。自动录入的数据能够避免人为录入差错，大量节约人力，并显著提高录入的速度。

(3)使用代码录入

代码是确保著录信息和档案特征一致的有效手段。如组织机构名称，有全称或简称，简称往往又很不规范，这会造成检索时的混乱，而应用代码，可以做到代码和组织机构的严格对应，检索时就不会出现漏检或误检。

因此，档案信息系统应设计简便的代码管理功能，包括代码的维护、录入提示等，确保规范使用代码，又快又好地录入档案著录信息。

三、档案全文数据库建设

档案全文数据库，是存储、组织管理数字化档案信息的数据库系统，既包括档号、题名、责任者、正文、形成时间、密级、保管期限、载体、数量、单位、编号等著录信息，也包括档案的内容信息。档案全文数据库所管理的对象，不仅包括经数字化处理的传统馆(室)藏档案，而且包括以数字化形式直接生成的电子文件(档案)，如各类文本、表格、图形、图像、音频、视频、数据库、网页、程序等。

应用环境不同、系统软件不一，生成的文件格式也会不同。因此，必须确定电子文件的元数据标准和存储格式，以规范档案全文数据的组织与管理。

(一)档案全文数据库构建的过程

全文数据库的构建一般包括以下几个过程。

1.数据的采集

即对加载到全文数据库中的数据进行录入、采集、整理等处理。全文数据的获取方式有三种:一是图像扫描(或数码拍摄)录入。该方法形成的图像信息能保持文件的原貌,但占用存储空间大,不能直接进行全文检索和编辑。二是键盘录入。该方法形成的是文本信息,占用存储空间小、存取速度快、支持全文检索,但是输入工作量大,文本的格式和签署信息容易丢失。三是图像识别录入,即对扫描形成的图像进行OCR识别,形成文本信息。该方法虽然具有上述两种方法的优点,但是OCR识别带有一定的差错率,特别是当档案原件字迹材料不佳、中英文混排或带有插图、表格时,差错率较大,而人工纠错成本较高。因此,数据采集要权衡利弊,有选择地使用。

2.数据预处理

数据预处理是指将采集后形成的档案数字化成果转换成规范的格式,进行规范化命名,再进行统一标准的著录与标引。采用自动标引技术的系统,还可以从文本文件中直接提取关键词或主题词,辅助计算机检索。

3.数据检索

档案全文数据库建成后,可采用全文检索系统提供的功能对数据库进行检索。

4.数据维护

全文数据库建成后,需经常对数据库的内容进行索引、更新、追加和清理,以保证数据库的实用性和时效性。

(二)档案全文数据库的功能

理想的档案全文数据库应具有以下基本功能。

第一,能够获取、存储和使用不同类型、不同格式的档案信息。

第二，能够按照确定的数据结构有效组织大量分布式的不同类型、不同格式的电子文件或扫描件，并为之建立有效的检索系统。

第三，能够快速、正确地实现跨库访问和检索。

第四，能够对全文信息的访问和使用进行许可、控制和监督等授权管理。

第五，能够在网上发布全文数据库数据。

第六，能够集成支持全文数据库管理的各种技术，如超大规模数据库技术、网络技术、多媒体信息处理技术、分布式处理技术、安全保密技术、可靠性技术、数据仓库与联机分析处理技术、基于内容的分类检索技术、信息抽取技术、自然语言理解技术等。

四、档案多媒体数据库建设

档案多媒体数据库是对文本、图像、图形、声音、视频（及其组合）等媒体数据进行统一管理的数据库系统，它具有良好的交互性，输出的多媒体文件形象直观，图文声情并茂，能真实生动地还原历史记录。因此，档案多媒体数据库属于特色数据库和优质档案信息资源，应当列为档案数据库建设的重要内容。

（一）建立档案多媒体数据库的步骤

建立档案多媒体数据库有三个步骤：一是收集和采集来自各种档案信息源的多媒体信息。如果来源是数字化多媒体信息，即多媒体电子文件，则归档处理后直接进入档案多媒体管理系统的存储设备中；如果来源是模拟多媒体信息，如模拟录音、录像，则采用音频或影像采集设备，将其转换成数字化的多媒体档案后输入到档案多媒体数据库。二是按照多媒体档案的整理规则，对多媒体电子文件进行整理，形成档案多媒体目录数据库。三是将整理后的多媒体档案挂接到档案多媒体目录数据库中。

（二）多媒体档案与档案多媒体目录数据库的挂接方法

鉴于多媒体档案占据容量大，对档案数据库运行效率影响也大，因此,需要慎重选择多媒体档案与档案目录数据库的挂接方法。挂接的方法一般有基于文件方法和二进制域方法两种。

1. 基于文件方法(又称“链接法”)

这种方法是将独立存储于计算机载体中的多媒体档案的名字与位置(即路径)存入(即“链接”于)档案多媒体目录数据库相应的记录中,而不是真正将档案存储在目录数据库中。当数据库管理系统访问多媒体档案时,根据目录数据库中记录的多媒体档案名称和路径,访问多媒体档案。

这种方法的优点是,尽管多媒体档案容量大,但是不会给目录数据库增加负担而影响目录数据库的运行效率;缺点是多媒体档案与目录数据库的关系不够紧密,容易因系统或数据的迁移而断链,造成通过目录找不到对应多媒体档案的故障。

2. 二进制域方法(又称“嵌入法”)

这种方法是把多媒体档案实实在在地存放于(即“嵌入”到)目录数据库中的BLOB字段(即“二进制域”)中,该字段能存储大文件,因此又称“大字段”。该字段有两种:一种是Memo(备注)字段,它可以存储大文本文件,容量相对较小;另一种是OLE(对象嵌入)字段,可以存储大二进制文件,如多媒体档案等。

这种方法的优点是,多媒体文件与目录数据库的关系相当紧密,不会断链;缺点是大容量的多媒体文件会增加目录数据库的负担,影响其运行效率。因此,在使用二进制域方法时,需要采用一些技术手段来弥补其缺陷。

第四章 档案管理信息系统建设

第一节 档案管理信息系统的研制

一、档案管理信息系统的基本概念

档案管理信息系统是指各机关、团体、企事业单位和各级各类档案馆用于对档案信息和档案实体进行辅助管理的各种类型的计算机应用软件系统。档案管理信息系统建设是按照档案事业发展的规划、标准和档案工作的实际需求,应用计算机基础设施,开发和使用档案管理应用软件系统的过程。

档案管理信息系统的开发和使用,要符合“规范、先进、实用”的质量要求,既要满足当前工作的需要,又要兼顾将来技术发展的趋势。档案管理信息系统的应用价值来自应用系统的各项功能,其功能是指计算机应用软件系统辅助档案工作的某种能力,实质上是档案工作职能在计算机平台上的延伸。由于档案工作职能包括对档案的宏观管理和微观管理两方面内容,因此,档案管理信息系统也相应分为两大类:一是档案宏观管理信息系统,用于辅助档案工作者对整个档案工作的管理,又称档案行政管理系统,包括统筹规划、组织协调、统一制度、监督、指导和检查等档案工作的组织建设和事业管理等功能。这类系统的建设主体主要是各级档案行政管理部门。二是档案微观管理信息系统,又称为档案管理业务系统,用于辅助具体的档案管理业务工作,包括档案的收集、整理、鉴定、保管、统计和利用等功能。这类系统的建设主体主要是各级各类档案馆(室)。鉴于机关档案室兼有上述两项职能,档案室信息系统应当兼有档案行政工作和档案管理业务功能。

然而,实际上多数档案部门并没有建立相互独立的档案行政工作和档案管理业务信息系统,而是在档案管理业务系统中嵌入一部分档案宏观管理功能。因此,本章所介绍的档案管理信息系统,主要是指档案管理业务系统。

二、档案管理信息系统的开发

档案管理信息系统的开发是在档案信息化相关规划和规范的指导下,按照特定的档案管理需求,应用先进、实用的计算机软硬件和网络技术,研制档案信息管理应用系统的过程,其主要任务是研制档案管理应用软件。

(一)档案管理信息系统的基本要求

根据国家档案局2017年发布的《电子档案管理系统基本功能规定》,档案管理信息系统要符合以下基本要求:①系统结构应具备开放性,可实现与其他系统的功能集成、数据共享与交换;②系统功能应具备可扩展性;应满足当前及可预见的时间内的业务需求,可方便地进行功能扩展;③系统实现应具备灵活性,支持电子档案管理的业务模式、工作流程和数据结构等的灵活定义与部署;④系统运行应安全可靠,保存电子档案管理关键业务过程记录,根据需要采取电子签名、数字加密和安全认证等技术手段,保障电子档案安全,防止非授权访问;⑤系统应依据电子档案保存和利用的业务要求分别建立相应数据库;⑥系统应能够管理符合国家、行业标准规定的多种门类、多种格式的电子档案;⑦系统应具备对实体档案进行辅助管理的功能。

(二)档案管理信息系统的基本功能结构

功能设置是实现档案管理信息系统价值的关键。档案管理信息系统种类很多,如电子文件归档管理系统、数字档案室系统、数字档案馆系统等。依据档案工作的基本职能,任何档案管理信息系统都应具备以下基本功能:档案接收、档案整理、档案保存、档案利用、档案鉴定与处置、档案统计和系统管理。这些功能基本上覆盖了档案各项管理业务。

根据这些要求,大致总结档案管理信息系统的功能结构要求如图4-1所示。①

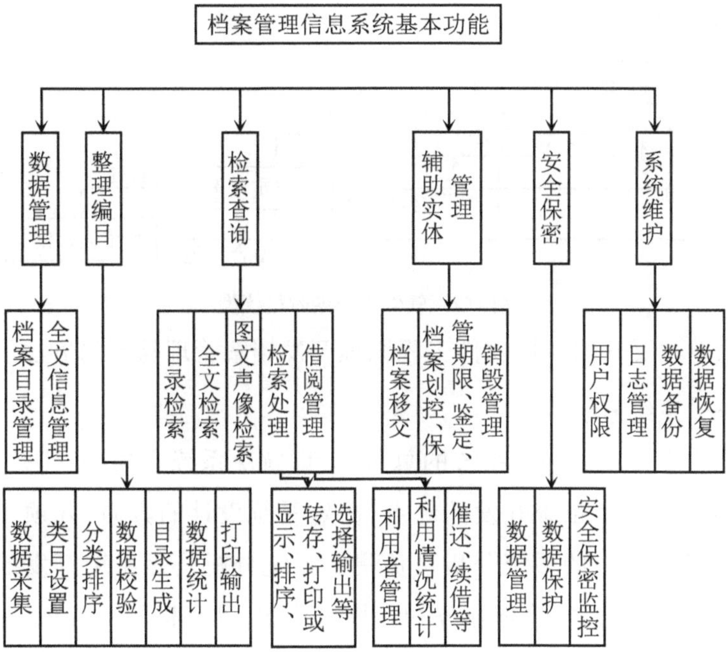

档案管理信息系统基本功能

- 数据管理
  - 档案目录管理
  - 全文信息管理
- 整理编目
  - 数据采集
  - 类目设置
  - 分类排序
  - 数据校验
  - 目录生成
  - 数据统计
  - 打印输出
- 检索查询
  - 目录检索
  - 全文检索
  - 图文声像检索
  - 检索处理
    - 显示、排序、转存、打印或选择输出等
  - 借阅管理
    - 利用者管理
    - 利用情况统计
    - 催还、续借等
- 辅助实体管理
  - 档案移交
  - 档案划控、保管期限、鉴定、销毁管理
- 安全保密
  - 数据管理
  - 数据保护
  - 安全保密监控
- 系统维护
  - 用户权限
  - 日志管理
  - 数据备份
  - 数据恢复

图4-1 档案管理信息系统的功能模块图

三、档案管理信息系统开发的方法

档案管理信息系统的开发需要应用软件工程的原理和方法。软件工程是指导计算机软件开发和维护的工程学科,是采用工程的概

①赵屹. 档案信息网络化建设[M]. 北京:北京图书馆出版社,2003.

念、原理、技术和方法来开发与维护软件的方法。该方法将任何软件产品从形成概念开始，经过开发、使用和不断增补修订，直到最后被淘汰的整个过程看作一个生命周期。该生命周期可以划分为相互区别又相互联系的四个阶段，即系统分析、系统设计、系统实现和系统运行维护。每个阶段都有相对独立、具体的任务，都要形成规范的文档，每阶段工作都要以上个阶段工作的成果作为依据，又为下个阶段的工作创造条件。每阶段工作结束后都要从技术和管理两方面进行严格的审查，若发现前阶段有错，则需要返回前面的阶段进行整改，由此形成软件开发的规范化、高效化工作流程。软件开发流程详见图4-2软件生存期阶段模型。

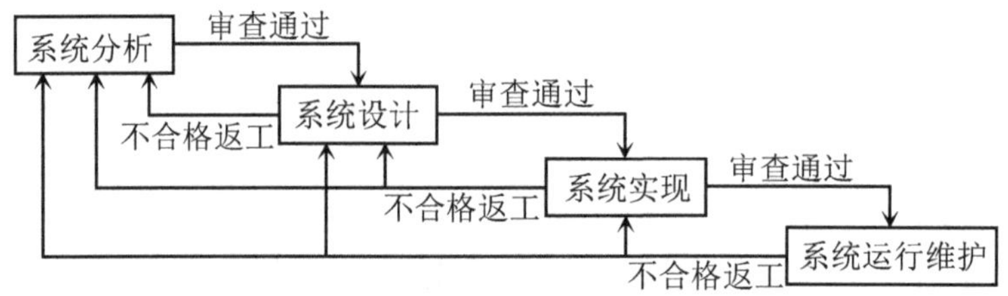

图4-2　软件生存期阶段模型

以下主要介绍应用软件工程原理开发档案管理软件的方法。

(一)系统分析

该阶段任务是确定系统的总目标，即解决系统应当“做什么”的问题。系统分析是系统开发的起点，决定系统设计的方向，此项工作由项目开发小组中的系统分析员负责。系统分析员是系统开发的高级人才，应当擅长档案管理业务和计算机技术，具有将两者有机结合、宏观策划、微观布局的能力。系统分析的主要任务有以下几点。

1. 开展调研

由项目发起者或建设方开展初步的内部需求调研和外部市场调研。内部调研的对象主要是有关档案工作的领导、业务骨干和用户，调研他们对档案工作和档案信息的需求；外部调研主要了解信息技术发展的现状和趋势及档案信息化的经验和规律。通过调研，项目发起者或建设方要提出系统设计的目标、任务、规模、实施路线，并分析项目风险、预测实施效果、安排工作进度、提出费用估算(包括财力、人力、设备等)等，最后形成“开题报告”或“计划任务书”，报给决策者审批。

2. 组织开发小组

依据项目目标组织开发小组，确定该小组的负责人和成员，其成员一般应当包括专职档案专业人员、计算机专业人员、档案用户代表等。如果该项目采用外包设计，开发小组中还应当包括外包服务商有关领导和技术人员。

3. 可行性研究

(1)可行性研究的组织

可行性研究需由有关领导、专家、业务骨干参加，对系统进行分析、评估、论证、成本效益分析等。

(2)研究内容

第一，必要性分析，确定系统开发是否必要、是否紧迫，分析系统应用的宏观效益和微观效益、社会效益和经济效益、直接效益和间接效益、短期效益和长期效益。

第二，可行性分析，包括经济可行性，即系统开发的资金投入、产出比；技术可行性，分析可利用的技术条件，包括硬件，软件，本单位、社会上可利用的技术资源等；管理可行性，包括管理环境，管理标准化、规范化程度，已有档案数据资源等；操作可行性，分析对操作中可能遇到的问题是否具有解决能力。

(3)编制“可行性报告”

报告内容应包括系统目标、可行性分析、工作进程、可利用资源、所需费用、结论意见等。

4. 开展用户需求分析

系统分析后编制“用户需求说明书”，作为系统分析的结果和系统设计、验收的依据。“用户需求说明书”要从以下方面准确、具体地阐明用户对系统的需求：一是信息需求，即系统需要处理的档案数据的门类、实体(如目录、表格、台账等)。二是功能需求，即系统需要做哪些处理，如归档、编目、保管、统计、查询等。三是性能需求，即系统需要达到哪些性能要求，如安全、保密、速度、效率、便捷、规范等。四是环境需求，即系统需要哪些实施条件，如法规、制度、方法、技术、人才、资金等。五是近期和远期需求，即区分需求的轻重缓急，提出分步实施的方案。

(二)系统设计

该阶段任务是对“用户需求说明书”中的各项内容提出具体设计方案，即解决系统应当“如何做”的问题。系统设计分概要设计和详细设计，其任务由系统分析员带领的设计团队来承担。

1. 概要设计

(1)采用结构化设计方法

将整个系统按照层次和功能的逻辑关系，自上而下逐步细化为功能单一、相对独立的计算机程序模块，以便于系统的编程、调用、调试、扩充、测试和维护。

(2)绘制功能模块图

绘制功能模块的层次结构，并以文字具体描述各模块的功能。功能模块图是描述软件功能层次结构的工具，用方框和连线表示软件功能模块之间的层次或网状关系，以及模块之间的调用关系。

2. 详细设计

详细设计是对概要设计的进一步细化，包括数据库结构设计、计算机输入和输出设计、用户界面设计、用户代码设计、用户权限设计，以及业务流程设计等。最后以模块为单位，编制“系统详细设计规格说明书”，详细说明各子系统和模块的输入设计、输出设计、界面设计、数据库设计、代码设计、程序设计语言等。

（三）系统实现

该阶段任务是将设计结果转换成具体的系统，主要指软件的编制和测试、硬件设备的购置与安装、软件的实现、人员配备和培训等。

1. 编写程序

为了设计应用系统，首先要购置或配置计算机软硬件及网络系统，安装数据库系统和软件编制工具，然后用工具软件写出正确的程序模块，即应用软件，这一步工作也称为编码。程序模块设计要做到结构良好、清晰易读、容易维护。

编程工作一般由计算机专业人员来完成。编程要尽量选用第四代、第五代语言和自动化程序设计工具，以降低程序开发成本，提高程序质量，缩短开发周期。

2. 软件测试

程序设计后须进行必要的测试。测试是为了发现程序中的错误并进行改正，以保证程序的正确性和可靠性。测试分为：①模块测试，即逐个模块的测试，改正程序的局部错误；②联合测试，即按功能结构设计的要求，测试功能调试模块之间的接口；③验收测试，即进行整体联合测试，对系统进行正确性、可靠性、稳定性、响应时间、输入输出界面等综合测试，测试后形成“测试报告”。

3. 鉴定验收

（1）鉴定验收的内容

主要从系统运行的结果来考察系统是否达到预期的设计目标。具体要对以下内容作出评价：一是是否全面达到预定的系统目标。二是是否符合系统的各种效益指标。三是系统开发文档材料是否完整齐全。四是系统存在哪些问题，需要采取什么改进或补救措施。

（2）鉴定验收的条件

鉴定验收前系统需试运行半年以上，然后请系统的用户对系统的功能、性能、稳定性和实用性作出评价，并写出“用户使用报告”。

(3)技术测试

第一,组织技术测试小组。此次测试不同于其他测试的是,需由上级档案行政管理部门委托或组织技术测试小组。

第二,编写测试大纲。测试小组根据系统设计目标和有关介绍,编写测试大纲。

测试内容包括软硬件环境、存储数据量、功能的完整适用性、查询响应时间、输出速度等技术指标和系统设计的技术特点及水平等。

第三,进行现场测试。在真实的应用环境下,运用真实的数据,对系统进行测试,测试结果应记入测试大纲。

第四,审查软件开发文档。开发文档包括开题报告(或计划任务书)、可行性研究报告、用户需求说明书、功能模块结构图、详细设计规格说明书、研制报告、技术报告、测试报告、用户使用报告、使用说明书等。

第五,撰写"测试报告"。测试专家根据测试大纲反映的测试结果,撰写"测试报告",作为专家鉴定的依据。

(4)组织鉴定会议

成立鉴定委员会,鉴定委员会主要由用户代表、计算机专家、档案管理专家以及测试小组组长等共同组成。鉴定会议议程主要有三点:一是与会各方作系统研制报告、系统技术报告和用户使用报告、测试报告。二是进行现场操作演示,并接受鉴定委员会提问和质询。三是鉴定委员会讨论,拟写"鉴定意见",向全体与会者宣读并通过"鉴定意见"。

(四)系统运行、维护与评价

1.系统运行

档案管理信息系统建设要改变重系统开发、轻系统运行和维护工作的片面认识。因为系统运行是实现档案信息化实用价值的关键环节,是测试系统质量的实战环境,是培养用户档案信息意识和实际操作技能的最佳平台。

新系统的运行取代原有的手工管理或旧的应用系统，会给操作流程和操作人员工作职责带来新的变化，也会遇到许多新的问题。因此，操作人员需要通过精心组织实施，化解问题，确保系统正常运行。运行组织工作包括：①制定档案管理信息系统操作制度，明确档案管理信息系统运行的分管领导、主管部门；明确系统操作人员的职责和操作要求；②数据库建设，以前没有建立过档案管理信息系统的单位，需要对现有传统档案进行目录数据录入或纸质档案数字化工作；以前建立过档案管理系统的单位，则需要将原有的档案数据迁移到新的数据库中；③进行用户操作培训，提高用户操作技能；④对系统运行中出现的问题，及时做好记录，以便为系统维护提供第一手材料。

2. 系统维护

系统维护是对运行中的系统进行不断地修正和改进，以适合用户实际需要的工作。系统维护包括：①改正性维护，即为改正程序设计中的错误而进行的维护；②适应性维护，即为适应程序运行环境的变化而进行的维护；③扩展性维护，即为满足用户在使用中提出的意见和更高的要求而对系统进行的改进或功能、性能上的扩展。

维护是一个时间较长的阶段，且可能反复多次。维护工作流程是：用户或设计人员提出维护要求→维护人员进行维护分析、制订维护计划→领导或有关主管部门审查维护计划（大的维护可能还要请专家论证）→维护人员实施维护→检查验收维护项目等。

3. 系统评价

系统评价是为了了解系统当前的功能、性能的适用性和可靠性，为系统验收和下一步改进提供依据。评价的指标主要包括：①从档案工作角度评价管理指标，即系统对档案工作业务需求的满足程度，对档案工作现在和将来的影响程度，如在提高工作效率、业务能力、服务质量、科学化和规范化管理水平等方面取得的效果；②从计算机系统角度评价经济性和技术性。经济性即投入、产出分析，包括取得的经济效益、社会效益，直接效益、间接效益等；技术性即操作界面、响应速度、系统的可靠性、处理的灵活性等方面的技术性能。

第二节　数字档案室建设

一、数字档案室概述

（一）数字档案室的概念及内涵

《数字档案室建设指南》将数字档案室定义为：机关在履行职能过程中，运用现代信息技术对电子档案和传统载体档案的数字副本等数字档案信息进行采集、整理、存储、管理，并通过不同类型的网络提供共享利用和有限公共档案信息服务的档案信息集成管理平台。该概念包括以下内涵。

第一，建设和应用的主体是政府、企事业单位和各类社会组织的档案室，目的是更好地履行档案管理职能。

第二，技术条件是全面应用现代信息技术，包括数字技术和网络技术。其中网络技术应包括各种类型的网络平台。

第三，管理对象主要是电子档案（即归档电子文件）和数字化档案（即传统载体档案数字副本）的信息。

第四，管理的功能包括档案管理的各项业务。主要是满足机构内部职能活动的需要，同时实行有限的公共档案信息服务。其“有限性”是由机构所有档案的价值特征和档案工作的职能所决定的，它有别于数字档案馆。

第五，建设要求是建立档案信息“集成”管理平台。为此需要强调统一规划、统一建设、统一实施、统一管理，做到数据集成、功能集成、流程集成，协调和处理好档案部门与文书部门、档案工作与业务工作、档案室与档案馆之间的关系，在文件生命周期中发挥好承上启下的信息枢纽作用。

（二）数字档案室建设原则

1. 资源强档原则

数字档案资源建设要做到“三管齐下”：一是收集来源于机构信息系统的电子档案。二是实施室藏传统档案的数字化。三是建立档案数据库。数字档案资源是数字档案室的立足之本和利用之源，也是国家档案资源建设的入口和源头。只有从源头上将数字档案资源做大做强，才能做到“上游有水下游满”。所谓“做大”，就是严格按照归档范围，使档案资源做到应收尽收、门类齐全、内容完整；所谓“做强”，就是要确保数字档案资源的真实、完整、有效和安全，做到配置合理、格式规范、管理有序、特色鲜明。因此，实行机构重要数字信息的资源化管理应当成为数字档案室建设的永恒目标和基本条件。

2. 标准先行原则

数字档案室建设应统筹协调文件管理与档案管理、业务工作与档案工作、档案室与档案馆之间的关系，确保数字档案室系统与前端办公自动化系统、后端数字档案馆系统的衔接。为此，应当严格遵循既有的标准和规范，以便在系统设计、建设、运行中能够步调一致、统一规范，真正形成文档一体、馆室一体的档案管理体系。

3. 整体推进原则

数字档案室基础设施、信息资源、制度规范、人才队伍的建设，需要依靠管理体系和行政手段整体推进，特别要将数字档案室建设与机关电子政务、企业电子商务和社会信息化建设密切结合起来，确保这项工作全面、协调、可持续发展。

4. 确保安全原则

数字档案室建设应建立健全与机关整体信息安全管理相匹配的

档案信息安全管理制度，按照信息安全等级保护和分级保护要求采取安全保障技术方法，配备必要的软硬件设施，完善灾难恢复应急机制，确保数字档案室建设和运行的安全。

5.系统集成原则

数字档案室分布点多面广，分头建设必然造成资源浪费和信息孤岛的问题。应在国家统一规划、科学管理指导下，研制实用的数字档案室集成系统，采用先进的架构体系（如云平台、B/S架构等）推广应用，使数字档案室系统具备统一规范的功能设置、数据结构、业务流程、性能指标，并做到与数字档案馆资源的无缝对接。

二、数字档案室的建设任务

数字档案室建设任务包括基础设施建设、应用系统建设、数字档案资源建设、保障体系建设，需要机关、企事业单位的档案部门、信息化部门、业务部门和保密部门共同参与实施。

（一）基础设施建设

基础设施建设是指依托本单位信息化基础设施，建设相对独立、稳定可靠、兼容性强、能够满足数字档案室运行需求的网络、硬件、软件、安全保障等基础设施。

1.网络基础设施

一般应将数字档案室网络管理中心设于机关、企事业单位的中心机房。机房应具备防雷、防静电、防磁、防火、防水、防盗、稳压、恒温、恒湿等基本管理条件，有条件的单位还应建设符合《数据中心设计规范》（GB 50174—2017）要求的B级机房。中心机房、网络综合布线的配置，应为数字档案室配备足够数量的网络信息点，网络性能应能适应图像、音频、视频等各类数据的传输、利用要求。

数字档案室网络平台应当与单位办公网、业务网统一规划、统一建设，实现跨系统、跨平台的信息交换和利用的分级、分层授权。数字档案室网络平台与本地区、本部门政务网、业务网互联的，应采取相应措施，确保档案数据安全。

数字档案室网络平台处理涉密信息时，应依据国家和本地区有关涉密信息系统分级管理规定确定等级，明确安全域，按照《涉及国家秘密的信息系统分级保护技术要求》（BMB17—2006）进行建设，并应与单位非涉密办公网和业务网实现物理隔离，禁止接入互联网。

2. 系统硬件

（1）服务器

服务器性能和数量的配置，应能满足数字档案室应用系统以及数据库、中间件、全文检索、备份、防病毒等基础软件的部署和安全高效运行的需求，并适当冗余、可扩展。

（2）存储设备

应为数字档案室配备先进、高效和稳定的磁盘阵列作为数字档案资源在线存储设备。根据本单位制定的数字档案资源保存策略，确定近线或离线备份系统的配置，近线备份应选择磁带库或虚拟带库及相应的备份软件，离线备份可选择光盘、移动硬盘等脱机存储介质，以及相应的备份、检测设备。①

3. 基础软件

应结合数字档案室应用系统开发或运行需要，为数字档案室配备必要的正版基础软件，包括主流的数据库管理系统（一般采用关系型数据库）、网络操作系统、中间件、全文检索、文件格式转换与迁移、图像处理及多媒体编辑等软件。数字化软件包括扫描软件和图像处理软件、光学字符识别（OCR）软件等。

4. 安全保障系统

应结合实际，参照信息系统安全等级保护有关要求，从多层面为数字档案室应用系统建立安全保障体系。应用系统设计、实施完善的用户权限配置和管理功能，为数字档案资源的安全存储、管理提供保

①李明华. 数字档案室建设概论[M]. 北京：中国文史出版社，2016.

障;配备正版杀毒软件,如有必要,应有选择地配备防火墙、用户认证、数字签名、移动存储介质管理、业务审计软件等安全管理工具。涉密数字档案室应用系统必须按照国家有关涉密信息系统分级保护的规定执行。

数字档案室应配备专用的电子档案柜,规范存放电子档案,设置门控系统、监控报警系统,配备磁带备份系统、光盘刻录系统、断电保护UPS系统等外围辅助设备,健全环境安全和介质安全等功能,确保网络设备、设施、介质和信息的物理安全。数字档案室应健全系统备份、容灾恢复等功能,配备防火墙、入侵检测等相应技术设备,建立操作日志,通过身份认证、访问控制、信息加密、信息完整性校验、入侵检测等技术手段和管理方法确保档案数据得到有效保护。

5.终端及辅助设备

应为数字档案室应用系统配备专用终端计算机、扫描仪、数码照相机、打印机等终端设备,以及刻录机、移动存储介质等辅助设备。终端配置应充分考虑档案工作的特点和档案室实际需要,如配置宽幅、零边距、高速、底片扫描仪,光盘标签打印机等。

(二)应用系统建设

应用系统建设应能集成管理各门类数字档案资源,具备收集、元数据捕获、登记、分类、编目、著录、存储、数字签名、检索、利用、鉴定、统计、处置、格式转换、命名、移交、审计、备份、灾难恢复、用户管理、权限管理等基本功能,为电子档案的真实、完整、可用和安全提供首要保障,并达到灵活扩展、简单易用的基本要求。

第一,档案门类管理,包括电子档案和实体档案的门类、分类方案、元数据方案的调整及扩展管理。

第二,接收采集,包括文书、音像、科技和专业类电子文件及元数据的接收采集。

第三,分类编目,包括分类组织、归档存储、编目著录等。

第四，检索利用，包括档案检索、利用、编研等。

第五，鉴定统计，包括鉴定处理、统计报告等。

第六，系统管理，包括审计跟踪、用户与权限管理、数据维护、参数设置等。

第七，技术文档管理，收集保存应用软件研制、测评、运行、维护等过程中形成的文档。

以上具体功能需求可参见《电子文件管理系统通用功能要求》(GB/T 29194—2012)。

(三)资源体系建设

按照国家档案局发布的《数字档案馆建设指南》(档办〔2010〕116号)要求，数字档案室资源建设应当满足以下质量要求。

1.文书类电子档案质量要求

文书类电子文件(档案)的收集、整理、鉴定等，应符合国家档案局第8号令、《归档文件整理规则》等要求。此外，由办公自动化等业务系统形成并归档保存的电子公文，其质量还需满足以下要求。

(1)完整性要求

关于同一事由的往来电子公文齐全、完整；电子公文的组件——正本、定稿、公文处理单、集中记录修改过程的彩色留痕稿，以及确有必要保存的重要修改稿等齐全、完整；红头、电子印章齐全、完整；文件标题、文号、主送机关、正文、发文机关署名和成文日期等要素齐全、完整。

(2)版面格式要求

电子公文正本的公文格式应符合《党政机关公文处理工作条例》第三章的要求，正本的页面尺寸及版面要求、公文格式各要素编排规则、公文的特定格式和式样应符合《党政机关公文格式》(GB/T 9704—2012)的要求。

(3)文件格式要求

电子公文的正本、定稿、公文处理单应以OFD、PDF、PDF/A等版式文档格式归档保存，版式文档格式应符合《版式电子文件长期保存格式需求》（DA/T 47—2009）的要求，并支持向同级国家综合档案馆采用的长期保存格式转换；集中记录修改过程的彩色留痕稿以及确有必要保存的重要修改稿可以以WPS、RTF、DOC等同级国家综合档案馆认可的格式归档保存。

（4）元数据捕获要求

应参照《文书类电子文件元数据方案》（DA/T 46—2009）设置、捕获电子公文元数据，至少应包括：聚合层次、来源、立档单位名称、电子文件号、档号、年度、保管期限、内容描述、题名、日期、密级、形式特征、存储位置、脱机载体编号、权限管理、机构人员名称、业务状态、业务行为、行为时间、实体标识符等20项。

（5）封装要求

若条件成熟，根据同级国家综合档案馆要求，可以对文书类电子档案与其元数据进行封装。封装可参照《基于XML的电子文件封装规范》（DA/T 48—2009）执行。

2. 音像类电子档案质量要求

（1）基本要求

音像类电子文件的归档范围应参考《照片档案管理规范》（GB/T 11821—2002）或同级档案行政管理部门的具体要求执行。收集、归档的音像类电子文件应经过挑选和系统整理，应能系统、客观地记录本单位的重要职能活动，以及历次活动的主要内容、主要人物、主要场景等。按照客观事实编辑形成的录音、录像类电子文件可收集、归档。

（2）品质要求

音像类电子档案应主题鲜明、影像和语音清晰、人物形象端正。照片类电子档案应以TIFF、JPEG格式保存，其可交换图像文件（EXIF）信息保存完整，像素数不低于300万；重要或珍贵的录音类电子档案以WAV格式保存，其他的以MP3格式保存，音频采样率不低于 44.1kHz；录像类电子档案以 MPG、MP4 格式保存，比特率不低于 8Mbps。

（3）照片类电子档案基本元数据集

应参照《照片类电子档案元数据方案》（DA/T 54—2014）设置、捕获照片类电子档案元数据，至少应包括：聚合层次、档号、年度、题名、摄影者、摄影时间、人物、地点、业务活动描述、保管期限、密级、计算机文件名、格式信息、计算机文件大小、垂直分辨率、水平分辨率、图像宽度、图像高度、色彩空间、捕获设备、固化信息，以及描述电子档案管理过程的机构人员、管理活动元数据等。

（4）录音类电子档案基本元数据集

应参照相关元数据标准设置、捕获录音类电子档案元数据，至少应包括：聚合层次、档号、年度、题名、录音者、录音时间、人物、地点、业务活动描述、保管期限、密级、计算机文件名、格式信息、计算机文件大小、时间长度、音频编码标准、音频比特率、音频采样率、音频采样精度、声道数、捕获设备、固化信息，以及描述电子档案管理过程的机构人员、管理活动元数据等。

（5）录像类电子档案基本元数据集

应参照相关元数据标准设置、捕获录像类电子档案元数据，至少应包括：聚合层次、档号、年度、题名、摄像者、编辑者、摄像时间、人物、地点、业务活动描述、保管期限、密级、计算机文件名、格式信息、计算机文件大小、时间长度、视频编码标准、色彩空间、帧大小、帧速率、视频比特率、音频编码标准、音频比特率、音频采样率、音频采样精度、声道数、捕获设备、固化信息，以及描述电子档案管理过程的机构人员、管理活动元数据等。

（6）著录要求

为确保音像类电子档案的真实、完整和可用，电子文件形成部门、档案部门应按照国家、行业或地方相关标准规范，围绕音像类电子档案记录的中心内容，对题名、人物、地点、主题、业务活动描述等元数据进行全面著录。

3.科技和专业类电子档案质量要求

(1)科技类电子文件归档的基本要求

科技类电子文件的收集、整理、鉴定、编目等应参照《科学技术档案案卷构成的一般要求》(GB/T 11822—2008)、《建设项目档案整理规范》(DA/T 28—2018)等标准规范执行。图形类电子文件应以DWG等通用格式收集、归档,其他电子文件归档保存格式可参照文书、音像类电子文件执行。

(2)专业类电子文件归档基本要求

在履行本单位主要职能过程中产生的专业类电子文件都应收集、归档,包括但不限于国家档案局颁布的第一批、第二批国家专业档案基本目录所列内容;各种专业类电子文件的整理、鉴定、编目参照相应的管理办法执行;仅以数据库形式存在的专业类电子文件,如人口、环境、农业等各种普查数据,可以XML等跨平台通用格式收集、归档,或直接以原数据库数据文件归档,同时归档一套完整的数据库设计文档;以电子文档形式存在的专业类电子文件,可参考文书类电子档案的各项管理要求执行。

(3)元数据的设置与捕获

应参照《档案著录规则》(DA/T 18—1999)、《文书类电子文件元数据方案》等有关标准执行,设置、捕获科技、专业类电子档案元数据,至少应包括:聚合层次、档号、年度、题名、责任者、成文时间、文号、密级、稿本、保管期限、计算机文件名、格式信息、计算机文件大小,以及描述电子档案管理过程的机构人员、管理活动元数据等。

4.纸质档案数字副本质量要求

本部分仅对批量加工的文书、科技、专业等类纸质档案数字副本提出要求,电子环境中业务流程上的纸质文件数字化可参照执行。纸质档案数字化的各项技术要求按照《纸质档案数字化规范》(DA/T

31—2017）以及同级国家综合档案馆的相关要求执行。为保证数字副本的真实、完整、可用和安全，参照《缩微摄影技术缩微品的法律认可性》（GB/Z 20650—2006）、《信息与文献——文件档案数字化实施指南》（ISO/TR 13028：2010（E））等标准规范的相关规定执行，纸质档案数字化还应符合以下要求。

（1）数字化对象确认要求

应按完整性、规范性要求确定需数字化的纸质档案。原则上，年度内、每个案卷内或保管期限内、关于同一事由的往来文件，以及每份文件的组件应完整数字化。涉密纸质档案数字化应符合相应规范要求。推荐实行数字化对象审批制，拟数字化的档案原件应经本单位相关负责人的审查签批。

（2）元数据捕获要求

在数字化过程中，纸质档案数字化系统应以件为单位自动捕获数字化元数据，至少应包括：数字化授权信息、数字化日期与时间、水平分辨率、垂直分辨率、色彩空间、格式信息、计算机文件大小、数字化软硬件设备等。应将数字化元数据与目录数据组合形成纸质档案数字副本的元数据库，并导入数字档案室应用系统提供检索服务。

（3）数字化质量控制要求

应制定并在数字化过程中实行各种相应、有效的质量控制措施，对纸质档案的安全、数字副本的完整性和规范性、图像质量、元数据库的准确性等实施全程监控。

（4）数字化工作文档管理要求

在数字化项目实施过程中形成的重要数字化工作文档应归档保存，应与纸质档案数字副本的保存期限相同。应归档的数字化工作文档包括数字化对象审批书、招投标文件、数字化成果验收报告、数字化流程单等。

5. 数字档案资源的备份

应着眼于本单位电子信息系统整体备份需求制定数字档案资源备份策略，需明确备份对象、近线和离线备份策略及管理规范，配备必要的恒温、恒湿、防磁柜等设施设备。

（1）备份对象

数字档案资源备份对象应包括：各门类电子档案、各门类传统载体档案数字副本、元数据库、目录数据库、各类数字资料、数字档案室应用系统配置文件与日志文件等。

（2）近线备份

应结合虚拟带库等备份系统运行机制和便于管理等情况，明确数字档案资源备份策略，包括：容错级别、增量备份或全量备份、备份周期、核验和检测机制、磁带更新等。

（3）离线备份

应根据数字档案资源形成与大小特征等，确定各门类数字档案资源的离线备份介质与管理规范；应确定离线备份介质编号规则，推荐编号由数字档案资源门类代码、离线备份介质类别代码、备份年度、介质流水号等若干项构成；应按照规范的存储结构备份数字档案资源，推荐离线备份介质根目录下建立数据文件夹、目录文件夹、授权文件夹、其他文件夹及说明文件，数据文件夹存储各门类电子档案或传统载体档案数字副本，目录文件夹存储元数据、目录数据及数字档案室应用系统配置文件和日志文件等，授权文件夹存储数字化、备份、介质转换等的审批文件，说明文件用于描述离线备份介质制作有关的各方面情况；应定期检测、更新离线备份介质，并记录检测情况、介质转换情况等。

除上述备份要求外，重要档案还应通过纸质或缩微胶片等方式进行异质备份。重要档案的范围按照国家或地方的相关规范执行。

(四)保障体系建设

数字档案室的建设、运行和维护需要建立以下保障体系。

1.组织保障体系

应以“单位分管领导组织、档案职能部门实施、信息技术部门协同、业务部门配合”为原则,落实数字档案室建设工作的组织、协调和管理。建立专家咨询、示范测评、监督考核等机制,确保数字档案室建设工作有序开展。

2.制度保障体系

在建设数字档案室的同时,必须重视本单位相关档案制度规范的制定、修订等工作,建立健全本单位的数字档案室管理制度,具体包括岗位职责、电子文件归档与管理办法、档案数字化技术标准、档案安全保密制度、电子档案开放控制办法、档案数据网上查询利用制度、档案数据管理维护制度、电子档案鉴定销毁制度、人才配备与经费保障制度、数字档案资源备份管理制度、数字档案室应用系统运维和安全管理制度、信息技术部门职责分工及奖惩制度等。

3.人才保障体系

应为数字档案室配备满足工作需要的专职管理人员。配备人员应具备信息技术相关专业的学历,应具有较好的管理才能和计算机应用技能。应在制度上为专职档案管理人员的发展和进步提供保障。

4.经费保障体系

应为数字档案室建设予以经费保障。要将各门类电子文件归档和电子档案管理、纸质档案数字化、数字档案资源备份管理以及数字档案室应用系统的运维和升级改造费用纳入本单位预算,并给予长期的经费支持。

第三节　数字档案馆建设

一、数字档案馆概述

为了实现人类数字记忆的持续积累、完整采集、长期保存、集中管理、安全控制和有效利用,数字档案馆建设已经成为档案信息化建设的重要内容。

自从数字档案馆的概念出现以后,我国档案界一直在探讨数字档案馆的概念内涵,出现了各种定义,其中《数字档案馆建设指南》的定义是:"数字档案馆是指各级各类档案馆为适应信息社会日益增长的对档案信息资源管理、利用需求,运用现代信息技术对数字档案信息进行采集、加工、存储、管理,并通过各种网络平台提供公共档案信息服务和共享利用的档案信息集成管理系统。"从该定义出发,数字档案馆包括以下内涵。

(一)数字档案馆是传统档案馆功能的拓展和创新

信息社会催生了海量的数字信息,人类社会的生存和发展越来越依赖于数字信息的传播和传承。传统档案馆难以对信息实行全方位、持久性的保管和保护,难以提供跨时空、零距离、全天候、交互式的服务,而数字档案馆能延伸和拓展传统档案馆的功能,承担起保护和利用数字时代社会记忆的历史使命。

(二)数字档案馆是国家基础数字信息的集散中心

数字化基础信息是国家的优质战略资源,数字档案馆通过科学、规范的收集、整理、保管、保护、传递、开发、利用等方式,对分散于不同载体、不同地域、不同媒体、不同领域的基础信息实行数字化处理、集成化管理、网络化互联、虚拟化共享,使这些基础信息增值为真正意义上的资源,更好地造福于社会。

(三)数字档案馆是“数字化+网络化”的档案馆

数字档案馆生存发展的基础是以数字化和网络化为支柱的信息技术的应用。

数字档案馆建设必须将信息技术与档案馆事业的发展需求紧密结合,必须以信息技术发展为强大的动力,全面、持续、创造性地应用数字化、网络化技术发展的最新成果,不断打造信息时代档案馆的“升级版”。在狭义上,数字档案馆是建立在数字化、网络化平台上的传统档案馆;在广义上,数字档案馆是基于网络环境的、面向数字信息对象的、分布存储的狭义数字档案馆群。也就是说,广义的数字档案馆可以被分解为一个个狭义的数字档案馆实体。狭义的数字档案馆是广义的数字档案馆建设的基础,而广义的数字档案馆是狭义的数字档案馆发展的较高阶段或境界。

二、数字档案馆管理系统的功能要求

根据《数字档案馆建设指南》的要求,数字档案管理系统应当具备“收集、管理、保存、利用”四项基本业务功能,以及用户权限管理、系统日志管理、数据备份与恢复、系统及其数据安全维护等功能。数字档案管理系统还应当采取必要措施保证馆藏数字档案信息,特别是由电子文件归档形成的电子档案信息的可靠性和可用性。数字档案管理系统功能可以根据信息化发展和档案管理的要求而有所侧重,并不断拓展。

(一)收集功能要求

数字档案管理系统应当具备接收立档单位产生的电子文件及其元数据、对传统载体档案进行数字化和采集重要数字信息资源等功能。主要包括:①根据相关要求接收立档单位产生的各类电子文件及其元数据,并在建立一整套接收机制基础上,保证接收过程责权明确,杜绝安全隐患,从源头上保证数字档案的真实、完整、可用;②提供选择在线接收和离线接收方式;③能够批量导入或导出数据,保证数据的可靠和可用;④对在线或离线接收的档案数据进行真实性、完整性、可用性和安全性验证;⑤具备目录数据和全文数据等多种信息资源的采集功能。

(二)管理功能要求

数字档案管理系统能够对所接收的各类数字档案信息进行整理、比对、分类、著录、挂接、鉴定、检索、统计等操作,使无序信息有序化,并实施有效控制。系统的功能主要包括:①按照设定的分类方案,将数字档案信息存储到系统中,或根据管理要求进行适当调整;②过滤重复数据并重新分类、编号;③对档案内容进行抽取和添加元数据等操作。目前档案管理都是基于数据库管理方式来实现的,将来不排除使用新的技术方法对数字档案进行有效管理;④辅助人工完成档案的开放鉴定工作;⑤对档案内容数据及其元数据等相关信息建立持久联系,形成长期保存的档案数据包和利用数据包;⑥对档案类型、数量大小等按照设定要求进行统计,显示或打印输出所需各类档案信息;⑦辅助完成馆藏实体档案的编目(著录、标引)、整理、出入库房管理等工作;⑧制定档案业务流程或进行流程再造。

(三)长久保存要求

长久保存既是要求,也是策略,包括存储格式的选择,检测、备份和迁移等技术方法的采用等,主要要求包括:①应当选择符合国家标准的格式,暂时未制定标准的,选择开放格式或主流格式;②定期对载体及其软硬件环境进行读取、测试,发现问题,及时解决;③根据数据重要程度以及管理和利用的需要,选择在线、近线、离线、异地、异质和分级存储等技术和方式;④计算机软硬件以及技术或标准规范发生重大变化或发生重大事件时,为了保证数字档案信息可读,应采取迁移等手段对所存储的数据进行技术处理。①

①姚乐野,蔡娜.走向知识管理与知识服务——数字档案馆建设研究[M].成都:四川人民出版社,2010.

(四)存储架构要求

应根据档案数据量和管理目的的不同而采用不同的存储技术及其相关设备。安全性和稳定性是选择存储设备的首要因素。在数字档案馆建设过程中,应根据数字档案馆的数据量和并发用户数的需求,以保证数字档案馆合理安全的存储容量和较快的网络传输速度为前提,适当选择采用某一应用平台,配备数据库服务器、文件存储器、备份服务器、备份软件等构成的存储服务平台,以及采用SAN、NAS、DAS、IP-SAN或其他形式的存储技术方法。

(五)利用功能要求

数字档案管理系统应当根据档案信息的利用需求和网络条件,分别通过互联网、政务网、局域网等建立利用窗口,实现档案查询、资源发布、信息共享、开发利用、工作交流、统计分析等功能。这些功能主要包括:①运用最新检索技术方法满足利用者在各种利用平台对档案数据进行快速、准确、全面的利用查询要求;②通过网络平台或特定载体发布档案信息和共享档案资源;③辅助进行档案信息智能编研、深度挖掘;④为档案管理者和利用者提供在线交流平台、远程指导、远程教育;⑤辅助开展数字档案的增值服务;⑥进行档案利用访问量统计、分布分析、舆情分析等相关工作;⑦对用户、数据项、功能组件进行利用权限的角色授权处理,能够进行门类设置、结构设定、字典定义等系统代码维护工作。

三、数字档案馆应用系统开发和服务平台构建

(一)应用系统开发

应用系统开发应当遵循整体性、开放性、稳定性等原则。鼓励软件开发公司采用先进技术手段对“收集、管理、保存、利用”各子系统和功能模块进行专业深度扩展和创新开发。

1. 整体性

系统应考虑所配备和购置的软硬件及其网络平台环境,选择恰当

的开发工具和技术路线，正确处理各子系统或模块的关系，形成一个整体。

2. 开放性

系统应能够随着信息技术的不断发展和档案管理的最新要求而具有兼容性和拓展性。

3. 稳定性

系统开发应采用先进、成熟、适用、稳定的技术，保证系统的稳定、可靠和安全。

（二）服务平台建设

数字档案馆网络架构一般应面向不同对象，立足现有网络资源，按照档案信息共享范围，构建三个服务平台，并提供相应层级的数字档案信息资源共享利用。

1. 基于局域网的档案服务平台

该平台运行于局域网，主要满足档案馆工作人员处理档案业务和来馆用户利用档案的需要，是数字档案馆的基础平台。该平台应当具备馆藏数字档案传输、交换、存储、安全防护的功能，承担档案馆“收集、管理、保存、利用”四项基本功能，满足数字档案馆日常业务工作和提供利用服务的需要，同时还要承担辅助档案实体管理的功能。

2. 基于政务网的档案服务平台

该平台运行于本级政务网，主要满足本级党政机关各立档单位的电子文件归档管理和档案信息共享利用需要，是数字档案馆连接本级各党政机关立档单位的主干平台。该平台能够为政务网用户提供在线档案查阅利用、档案业务指导或其他档案工作服务，实现党政机关的档案信息资源共享和资政服务。应鼓励具备条件的档案馆探索采用云计算等先进技术为各立档单位提供软件服务和档案信息存储服务。

3. 基于互联网的档案服务平台

该平台运行于公众网，主要满足企业和社会公众查阅档案的需要,同时,通过档案网站,从社会采集具有重要保存价值的各类数字信息,整合档案资源,实现公众档案信息资源的社会共享,是档案馆实现社会服务和档案信息社会共享的公共平台。该平台还可采取必要的安全措施,实现馆际档案信息的互通共享。

第四节 档案网站的建设

一、档案网站的类型

随着信息技术和利用需求的发展,档案网站的功能和类型不断丰富,目前已建成的档案网站根据其所建环境、服务对象、建设主体和技术手段的不同而分为不同类型。这里仅介绍根据不同主体建设的网站类型,主要有:档案局(馆)网站、专业部门档案馆网站、企事业单位档案网站、档案刊物网站、档案教育与咨询网站、个人档案网站等,其中前三种是主流档案网站。

(一)档案局(馆)网站

档案局(馆)网站包括国家档案局网站和地方档案局(馆)网站。国家档案局网站既是国家档案局的官方站点,也是全国档案信息网站的门户网站,始建于2002年12月。国家档案局网站上提供了全国各省、自治区、直辖市档案局(馆)网站的链接,起到了引领网站的作用。地方档案局(馆)网站是发展最快、数量最多的一类网站,这些网站依托地方档案馆的馆藏资源提供在线档案信息服务,同时在网络上实现了档案行政管理和行政服务功能。因此,地方档案局(馆)网站兼具档案局政务窗口、网上档案馆和地方档案门户网站三种作用。地方档案局(馆)网站名称不一,如“上海档案信息网”“北京档案信息网”“天津档案网”“琼兰阁”(海南省档案馆网站)等。

(二)专门档案馆网站

专门档案馆网站是基于国家专门档案馆馆藏而建立的网上专业档案利用、服务站点。如外交部档案馆网站、上海市城市建设档案馆网站、辽宁省地质资料档案馆网站、贵州省测绘资料档案馆网站等。

(三)企事业单位档案网站

企事业单位档案网站是企事业单位依托本单位档案馆(室)资源而建立的提供档案宣传、查询和利用的站点,如上海大学档案馆网站、北京师范大学档案馆网站等。

(四)档案刊物网站

档案刊物网站是档案杂志社或档案出版机构在网上建立的具有网络出版、网上发行功能的档案站点,是为档案学者和档案从业人员提供学术探讨、业务交流和专业资源共享的园地。档案刊物网站有“档案之家”(《档案管理》杂志社主办)、“中国档案资讯网”(中国档案报社主办)等,这些刊物网站起步晚、数量少,但形式活泼,发展较快,访问量较大,在档案学术界影响较大。此外,大多数省级档案刊物在本省的档案局(馆)网站上都开辟了专门的板块或栏目。

(五)档案教育与咨询网站

档案教育、咨询网站是档案教育机构、档案学会、档案研究机构或档案行政管理部门建立的,以档案教育、培训、咨询和档案业务交流、研讨为目的的档案站点。如“档案教育网”网站(中国档案学会主办)、“档案在线”网站(《中国档案信息主流网站发展状况及其用户需求的调查与分析》课题组主办)、上海大学图书情报档案系网站等。

(六)个人档案网站

个人档案网站是由档案专家、学者、档案从业人员或在校学生创建的,以探讨学术思想、交流工作经验、传递专业信息、分享专业体验为目的的各种形式的档案站点(例如:相关主题的博客)。

二、档案网站的作用

(一)档案宣传的新途径

档案网站为档案部门宣传档案工作提供了新的方式和新的窗口。互联网是继三大媒体(报纸、广播、电视)之后飞速发展起来的第四媒体,能够克服传统的档案宣传形式的诸多局限,成为档案部门加强和深化宣传工作的新窗口、新阵地。

利用网站宣传档案工作主要的优势有:生动活泼,图文声影并茂,容易被广大用户所接受;传递迅速,宣传面较广,不受时间及空间的限制;针对性比较强,档案网站用户的素质一般都比较高,能够通过自助方式找到所需信息资源,达到较好的宣传效果;兼容并蓄,能与报刊、广播、电视等多种宣传途径互联互补;档案宣传与档案利用结合得比较紧密,宣传的同时也可提供档案信息资源利用,使受知者更乐于接受,这是网站宣传的独特魅力。

(二)档案信息服务的新手段

档案网站为档案馆提供了改善服务的新手段、新渠道。档案馆可以充分利用网络分布的广泛性、开放性、动态性和非线性等特点,在网上公布馆藏指南和检索目录,定期或不定期进行特色档案信息发布等,通过网站为社会各界开辟一个档案信息服务的新通道。如北京市档案馆在其网站上刊载了对外开放的开放档案目录,开通以后访问人数激增,效果非常明显。

为提高档案信息资源的利用效率,充分发挥档案信息资源的作用,除正常接待查档外,许多档案馆开展了函电代查、代抄、代复制、档案咨询等多种形式的服务活动。互联网的发展又为档案馆提供了新的服务手段。电子邮件是互联网提供的一种快速、高效、方便、价廉的信息传递方式,通过电子邮件,不仅可以传递文字信息,还可以传递声音、图像、影像等多媒体信息。档案馆通过电子邮件这种形式可以突破函电代查、代抄、代复制的局限,为利用者提供更加及时、准确、全面的信息服务。一般档案馆都在主页上公布一个可供联系的电子邮件地址,远在外地、海外的利用者都可以将其查档要求通过电子邮件告知档案馆,档案馆在根据其要求查阅后,将查档结果以电子邮件的形式传送给用户。

三、档案网站的具体功能

不同类型的档案网站由于所依托的档案资源、运行的网络环境和服务的对象不同,功能并不相同。

(一)档案检索

这是档案网站最基本的功能。其检索内容包括政府现行文件、主动公开信息、历史档案和其他文献资料,检索层次可以是目录信息、全文信息或编研成果,检索途径有题名、档号、关键词、分类号等,检索方式有简单检索、高级检索等。网上档案信息检索还可采取动态检索链接机制,提供“站内检索”“站外检索”或“复合式检索”,实现跨库检索。对于内网网站,采用身份识别、权限控制、内容分级管理等机制;对于面向社会公众的外网网站,目前仅限于开放档案的目录查询和部分开放档案的全文查阅。①

(二)档案管理

档案馆(室)将其档案管理业务的某些环节或内容延伸至档案网站,以适应管理环境的网络化,提高档案管理效率。基于外网的档案网站,除提供上述的检索业务外,一般兼有档案发布、档案征集、在线移交、档案展览、业务咨询、借阅服务等功能。而基于档案馆(室)内部局域网的档案网站,通常是整个档案馆(室)业务管理系统的统一平台,网站上集成了档案管理业务的各个方面。

(三)档案行政

同样,档案行政管理部门将其行政管理职能拓展至档案网站。档案局(馆)网站主页一般设有“政务公开”“政策法规”“业务指导”“在线

①陈晓辉,赵屹,郭晓云. 档案网站建设[M]. 上海:世界图书出版公司,2014.

审批”“行政投诉”等栏目,具有政策解读、规范性文件发布、网上办公等政务功能。

(四)档案宣传

档案机构可利用网站这一信息平台,通过设置“馆室概况”“馆(室)藏介绍”“服务指南”“工作动态”“行业要闻”等栏目,全方位、多角度地宣传、介绍档案机构、档案工作和档案职业,帮助公众了解已有的档案馆(室)藏和档案信息服务,使档案网站成为网络环境中档案机构形象和档案职业形象的缩影,提升档案机构的社会影响力,增强社会大众的档案意识。

(五)交流互动

档案网站可通过设立“建言献策”“用户园地(BBS)”“统计调查”等专题栏目,开辟微博空间,提供电子邮箱、微信公众号及其二维码,开通网上实时咨询,开通手机App程序模块等功能,收集档案用户的反馈意见,征询社会各界对档案工作的建议,答复各类用户的咨询、提问,在档案机构与社会公众之间架起双向沟通的桥梁,使档案网站成为档案用户、档案管理者、档案形成者、档案专家等多方交流、协助互动的信息平台。

(六)文化展示

档案网站可设立“珍藏集萃”“特藏展示”“专题展览”“在线参观”“名人档案”等栏目,利用信息网络极强的辐射力展示具有重要历史意义和美学欣赏价值的珍贵档案藏品。通过网上展览、展示人类社会发展的文明财富,弘扬民族文化、传承历史记忆,提升档案网站文化品位,体现档案机构的文化内涵及其对保护人类文明的重要意义。

(七)专业教育

档案网站通过设立“教学园地”“网上课堂”“知识天地”等栏目,利用组合教育资源的优势和分散式教学模式的便利,及时发布专业教育信息,上传课程教育资源,面向档案从业者和社会公众开设档案专业培训和档案文化讲座。例如,美国NARA网站的Educators and Students栏目,为在校学生和社会公众准备了形象生动的多媒体教育资源,以丰富的档案史料串联起来的学习内容,使访问者在浏览中增强了档案意识、提高了档案技能。中国档案学会还专门建立了“文件与档案工作者继续教育园地——档案教育网”网站。

第五章　档案信息化保障体系建设

第一节　宏观管理保障体系

档案信息化是档案事业发展的战略举措，也是档案工作现代化的立体战役。为了确保这项工作循序渐进、卓有成效，需要自上而下地进行总体规划和精心地组织实施。

一、档案信息化规划

档案信息化规划是档案行政管理部门针对档案信息化事业发展制定的全局性、长远性谋划，是对发展目标、任务、措施的宏观思维、精准描述和权威部署，是反映发展规律、驾驭发展大局、破解发展难题的顶层设计，具有定位目标、激发士气、凝聚人心、统一步伐的作用。

（一）规划制定的原则

1.统揽全局的原则

制定规划首先要明确档案信息化的指导思想、基本目标、工作任务、措施步骤、保障体系、评价指标等。档案信息化规划要有前瞻性、系统性、严肃性、权威性和可操作性。在目标的确定上既要起点高，又不能不切实际地盲目拔高；在任务的确定上既要全面覆盖，又要重点突出；在措施的确定上既要宏观布局，又要微观落地；在保障体系的确定上既要营造动力机制，又要设定约束机制；在评价指标的确定上既要定性，又要尽可能定量。特别要做到与本单位档案事业发展规划和本地区信息化发展规划相衔接，争取取得组织、资金和人力上的支持。

为了落实好规划，要建立集规划制定、协调、监督、意见反馈、补充完善于一体的规划执行机制。通过落实责任、考核和目标管理，努力实现预定的信息化蓝图。

2. 分步实施的原则

档案信息化涉及面广、工作量大、制约因素多，因此不可能毕其功于一役。在制定规划时，要充分考虑国家、地区信息化战略的实施进度，档案信息化的近期需求，档案基础工作条件、管理制度和业务规范的配套情况，以及经费、人力的投入能力等。要在全局性、长远性目标的指导下，根据需要和可能，将总目标分解为若干阶段性目标，以便分步实施。阶段性目标要处理好前后衔接关系，每一阶段的目标任务既要继承前阶段的成果，又要为后阶段创造条件。特别要将档案信息资源建设列入阶段性目标的主要任务，并提出量化的指标要求，如电子文件归档和传统存量档案数字化应当达到多少百分比等。

3. 需求驱动的原则

长期以来，信息技术领域有一句行话“以需求为导向”，它是信息技术应用的一条重要规律。现代信息技术几乎无所不能，然而，只有与特定的需求相结合，才能实现信息化的价值。需求决定计算机应用的发展方向、检验标准和实际效能，是信息系统建设的出发点、归属点和动力源泉。不重视需求或找不准需求，必然使档案信息化偏离正确的轨道，甚至付出沉重的代价。2002年，美国国家档案馆为了建立电子文件档案馆（ERA），制定了电子文件档案馆的需求体系文件，之后用了8年时间对该需求进行了四次版本升级，可见他们对需求研究的重视程度，也说明了精准把握需求的难度。

4. 突出重点的原则

所谓突出重点，就是规划要满足重点需求。需求是一个相当具有“弹性”的概念，在分类上有：一般需求和主要需求、潜在需求和现实需求、表面需求和本质需求、当前需求和长远需求等。突出重点就是要在调查研究的基础上，分析出和把握住主要需求、现实需求、本质需求、当前需求和紧迫需求。因此，在制定规划时，要从本单位、本行业的实际出发，以问题为导向，以必要性和可行性的统一为基础，找准需求，定义总目标和阶段性目标，一步一个脚印地有序推进档案信息化工作。

（二）规划制定的步骤

1.组织机构

档案信息化规划的制定事关大局、事关长远，应当建立由单位主要领导主持，信息化管理人员、相关业务技术人员和档案管理人员参加的规划起草小组，具体负责规划制定的全过程工作。为了开阔眼界、借用外力，还可以聘请外单位有关档案信息化的专家对规划起草人员进行培训，对起草工作给予咨询、审核、把关，或直接负责规划的撰写工作。

2.调查研究

调研主要包括四个方面：一是对国际、国内、本地区、本行业档案信息化发展战略和规划的调研，了解其对档案信息化目标、任务、措施的定位，以便为本单位规划制定提供参考。二是对同行业或相近行业档案信息化的先行单位进行调研，以便学习和借鉴他们的成熟经验。三是对社会信息化发展状况进行调研，了解其软硬件技术发展水平，以及哪些技术适用于本单位。四是对本单位档案工作和档案信息化需求进行调研，发现和分析存在的问题，研究利用信息化手段破解问题的对策。

3.撰写规划

首先对调研结果进行归纳总结，撰写调研报告。然后根据调研报告撰写规划大纲，并征求有关领导、专家或业务技术骨干的意见。最后根据拟定的规划大纲，撰写规划初稿。初稿完成后组织专家进行科学性和可行性论证，并广泛征求机关各业务部门和相关单位的意见，修改完善后交本单位领导审核、签发，然后正式发布。

4. 规划发布

规划发布时要一并提出规划执行的指标要求、进度要求和责任要求，并按照“言必信，行必果”的要求，跟踪规划的执行情况。

（三）规划的主要内容

1. 回顾总结

主要回顾总结本单位档案信息化的进程、现状，取得的基本经验或主要体会，以及存在的主要问题。对于尚未建立档案管理信息系统的单位可以总结本单位档案工作的现状，以及为档案信息化创造的基础工作条件，如档案制度化、标准化建设，档案资源建设，档案人才队伍培养等。

2. 目标定位

目标是对档案信息化建设预期前景和效果的描述。目标可以分为总体目标和具体目标两部分。目标定位要有以下“五个度”：①高度，即体现高起点、高标准、高水平；②宽度，即做到档案业务工作的全覆盖；③深度，即要致力于解决发展中遇到的热点、难点问题；④亮度，即要有创新点和闪光点；⑤温度，即要满怀热情地贴近时代、社会、生活、百姓。总目标的实施周期应尽量与本单位发展规划相吻合，一般为五年。[①]

3. 任务部署

任务是对目标的细化。目标一般比较原则化、概括和宏观，任务则要尽量具体和微观。任务一般按档案信息化的要素细分，包括基础设施建设、信息资源建设、应用系统建设和保障体系建设等。任务部署要尽量做到定时、定量，如纸质档案数字化工作每年要达到多少页、占馆（室）藏总量的百分比是多少等。

4. 措施落实

措施是实施档案信息化的必要条件，一般包括人员观念的改变、

①李肖军. 档案信息化安全体系建设研究[D]. 保定:河北大学, 2010.

档案基础工作的跟进、技术平台的建设、信息安全的落实、资金的持续投入,以及人才队伍的培养等。其中档案基础工作部分要特别强调“兵马未到,粮草先行”,即提前、重点做好电子文件归档、纸质档案数字化工作。

二、档案信息化组织

制定科学的规划是档案信息化的起点和前提,它使信息化建设者在目标、任务、措施等方面达成了共识、统一了步骤。接着,就需要通过强有力的组织,即通过指挥、协调、监督、指导、服务等管理方式和行政手段,确保规划的贯彻落实。执行力不足会使一个好的规划流于形式,创新规划的执行体系和执行手段,是提高规划的权威性和约束力的关键举措。

(一)思想观念更新

档案信息化是新形势下档案工作顺应潮流、抓住机遇、加快发展的重大战略。规划是战略实施的顶层设计,是长远性、全局性的谋划,是避免战略实施随意性和盲目性的有效举措。只有充分认识规划实施的重要意义,才能增强实施规划的责任心和自觉性。

同时,要认识到实施规划要有新思路、新对策。要改变过去重规划、轻实施,重技术、轻管理,重平台建设、轻资源建设,重档案科研、轻成果应用等片面的、落后的观念,以崇尚科技、重视改革、锐意进取、尊重人才、创新务实、真抓实干的新思路、新对策,来破解规划实施中的难题,化解来自各方面的阻力,推进规划的顺利实施。

(二)组织体系创新

档案信息化应当是“一把手工程”,必须由机构的主要领导分管档案信息化工作,并建立集规划、执行于一体的档案信息化主管部门,这样才能及时高效地协调处理档案信息化建设中遇到的复杂关系,避免因多方管理而出现政出多门、相互推诿的现象。

档案信息系统的建设和运行涉及与外界系统的互联。前端与办公自动化互联，确保对归档电子文件的前端控制。后端与本单位各种业务系统互联，确保为社会或本单位行政业务系统提供档案信息服务。单靠档案部门难以处理好与档案外部系统的关系，必须由本单位主要领导牵头挂帅，才能做好跨部门的组织协调工作。因此，各单位分管档案工作的领导应当同时分管档案信息化工作，负责实施档案信息化规划的各项组织工作，负责将规划实施列入本单位信息化发展规划和年度计划，使这项工作在机构、岗位设置，人员、经费投入等方面得到满足，保障规划的实施。

（三）管控措施到位

档案行政管理部门要对规划的实施采取有力的管控举措。

1.要保持规划的权威性和严肃性

对已经列入规划的每项任务都要言必信、行必果，对规划后未执行的任务要追究原因和责任；按照规划制定有关项目的实施方案，规定具体的实施内容、进度、要求要一抓到底，直至见效；将规划实施的组织、协调、监督、指导纳入档案工作的法规、制度、标准、规范系统，纳入行政部门工作的职责和考核办法，通过档案法治和行政的手段，防止发生档案信息化不作为或乱作为现象。

2.要夯实档案信息化的各项基础工作

档案信息化建设的重点是档案信息资源建设。为此，要围绕档案信息资源管理的目标和任务，扎扎实实地做好传统文件和电子文件的积累、归档，以及归档后的档案鉴定、分类、组卷、著录、编目、数据录入、档案扫描、档案保管、档案划控等基础工作，利用数据库技术，建立大规模、高质量的档案信息资源总库，为档案信息系统运行提供优质的信息资源。

3.要确保规划实施的各项投入

要切实按照规划要求落实软硬件网络平台、应用系统、数据资源、人才队伍、保障体系等各项建设任务，对建设项目的完成情况和实用效果进行科学的评估，并将评估的结果列入档案信息化建设单位业绩考核的指标。资金投入要避免重硬件投入、轻软件投入，重技术性投入、轻管理性投入，重一次性投入、轻持续性投入的倾向，使资金投入在发展阶段、发展要素、发展层次上有合理的结构比例。

（四）科研教育跟进

鉴于档案信息化具有知识密集和技术密集的特点，档案科研和教育已成为档案信息化的两个重要支柱。为了更好地发挥科研工作对档案信息化的引领作用，要加强对档案信息化项目的选题指导、立项审查、实施跟踪和结题评审等环节的全过程管理。对不可行的项目在立项阶段就予以否定；对科研项目的结题评审要严格把关；对重点科研项目要组织各方力量联合攻关，特别要加强档案局（馆）、高校档案学专业和信息技术开发公司之间的联合，从档案专业和计算机技术的紧密结合上提高科研成果的质量。要加大档案信息化科研成果的推广力度，充分发挥理论成果对实践的指导和引领作用。要采取有效的行政手段和考核措施，大力推广集成化、通用化的数字档案室和数字档案馆应用系统，彻底改变过去各自为政、重复建设、自成体系、难以互联的粗放型发展模式。

第二节　标准化规范保障体系

一、标准规范建设的原则

制定我国档案信息化标准规范，要符合中国国情、符合国家信息化工作的基本方针，同时与相关国际标准和发达国家档案信息化标准衔接，并且遵循以下原则。

(一)适度超前原则

档案信息化标准是对档案信息化建设过程中出现的各种重复性事物和概念所做的统一规定,标准的对象在档案信息化建设中是随着时间的变化、技术的更新而不断变化的。因此,在档案信息化标准规范建设过程中,要考虑信息时代和网络环境的变化,要有前瞻性和预见性,能在一定程度上预测社会和技术的发展方向,并充分考虑相关标准的制定时机,坚持适度超前原则。标准的制定时机过于超前,可能会使标准因缺乏实践基础而偏离主题,甚至给档案信息化工作造成误导;过于滞后,则会造成大量既成事实的不统一,需要耗费大量的人力、物力进行返工统一。档案信息化标准规范建设,要在有初步经验的基础上,根据现实情况并结合未来档案信息化发展状况开展相关工作。

(二)坚持开放原则

当今社会是一个开放的社会,各行业的开放程度、行业之间的交叉融合程度越来越高。在进行档案信息化标准规范建设过程中,应自始至终坚持开放性原则。

1.要采纳各种开放标准

开放标准是指那些知识产权明确属于公共领域、采用开放语言和标准格式描述、有可靠的公共登记和持续的维护机制、有可靠的开放转换和扩展机制、公开发布详细技术文件并可公共获取的标准规范。在档案信息化标准规范建设过程中,首先应考虑采用开放标准,既可以避免重复劳动,又可以保证较高的标准化水平。

2.要采纳各种国际标准

国际标准是由国际标准化组织所制定的标准,是由世界各国的专家参与制定的,它含有大量科技成果和成熟的管理经验,代表着当代科学技术和生产管理水平。档案信息化建设并不是我国独有的工作,世界各国的同行们都在进行这一项工作,其中不乏一些起步较早、水平较高的档案信息化建设案例。在档案信息化标准体系建设过程中，我们应认真学习先进的国际标准，如 ISO 15489《信息与文献——文件管理》和"开放档案信息系统"(Open Archival Information System，OAIS)等，并根据自身的实际情况进行定制、修改及扩展，从而既能保证标准水平的提高，又能加快我国档案信息化建设与国际接轨的速度。

3.要参照相关专业的信息化标准

"他山之石，可以攻玉"。档案工作与图书馆工作、情报工作、博物馆工作等相关专业工作存在着一定的相似性。在进行档案信息化标准体系建设过程中，应当充分吸收相关专业在信息化标准建设方面的成功经验，尤其是图书馆在信息化标准体系建设方面较成功的经验。

4.要考虑与相关标准的兼容性

在制定本单位、本行业标准规范时，要注意处理好和国际、国内信息界相关标准规范的兼容关系，还要注意和其他相关领域，如电子政务、数字图书馆建设之间的兼容关系，特别要处理好与国际、国家、行业、区域有关标准规范之间的兼容关系，以便在档案信息系统建设后能与其他相关系统顺利衔接、资源共享。

(三)动态管理原则

档案标准化过程并非一蹴而就，而是需要在实践中不断补充、提高、扩展。动态性原则是指要根据档案信息化建设的实践发展，对标准不断进行修订、充实和完善。档案信息化建设是一个长期的过程，在这个过程中，标准规范的对象会随着时间的变化而不断发生变化。特定的标准是根据特定的时间、特定的环境、特定的对象制定的，虽然要求标准制定者在制定标准时，要充分考虑到未来的变化，但是预测可能会有变化与偏差。因此，标准制定完毕后，要根据实施情况及规范对象的变化及时进行修订。由于信息技术发展迅猛，因此，对于档案信息化方面的标准，实施后3～5年就要进行审视。对于不适应实际的标准,要及时废止;对于部分不适应的标准,要部分及时更新。标准规范的制定或修订既要针对档案信息化出现的新情况和新问题,又要尽量继承以前标准规范的条款,保持标准的稳定性,避免大起大落,以免使实践工作无所适从,陷入被动。

二、标准规范建设的主要内容

档案信息化标准规范建设可以从管理、业务、技术和评价等层面来制定和推行。

(一)管理性标准规范

管理性标准规范是对电子档案信息资源建设和档案信息化建设、运行维护工作进行管理的一套规则,包括计算机安全法规与标准、数字档案信息资源合法性的确认等,它需要国家档案行政管理部门统一制定并推广实施,以保证电子档案信息的统一规范和资源共享。

档案信息化管理性标准规范包括两个方面:一是对人的管理性标准,主要是指对与档案信息化建设相关的人员进行管理的标准,包括档案工作人员管理标准、软件设计人员管理标准、用户管理标准、用户角色控制标准、用户权限审批标准等,明确档案工作人员的职责和任务,以及用户的权利和义务,以保证档案信息化建设各项工作的正常开展。二是对物的管理性标准,主要是指对数字档案信息资源实体的全过程规范化管理,以及对信息化设备,如机房、硬件、软件、存储载体的规范化管理,主要规范这些资源可以给谁用、如何使用和如何保管的问题。

(二)业务性标准规范

业务性标准规范是对档案信息化及电子档案业务处理进行的规定,解决业务操作行为不统一的问题。其范围包含与档案信息化相关的术语标准:档案信息采集标准,包括数字信息资源建设所涉及的数字化加工、元数据、资源创建、描述等;信息管理标准,包括数字信息资源组织、资源互操作等;信息利用标准,包括数字信息资源检索、服务等；信息存储标准，包括数字信息资源长期保存等；电子档案的术语标准及管理规范，包括电子档案的基本术语、资源的标识、描述电子档案的文件格式、元数据格式、对象数据格式等。

国家现已颁布的标准有《CAD电子文件光盘存储、归档与档案管理要求》（GB/T 17678—1999）、《电子文件归档与电子档案管理规范》等，是电子文件收集、归档、整理、保管与利用的统一规范；《电子公文归档管理暂行办法》、《电子档案移交与接收办法》（档发〔2012〕7号）和《公务电子邮件归档与管理规则》（DA/T 32—2005）是对电子公文、电子档案、公务电子邮件归档管理及安全有效利用的规范。①

（三）技术性标准规范

技术性标准规范是对档案信息化及电子档案管理有关技术应用进行的规定，主要解决技术应用不适当而导致的质量问题。其范围包括硬件基础设施建设技术标准、软件系统工作平台技术标准、数据存储压缩格式规范、数据长期保存格式规范、数据加密算法规范、网络数据传输规范、数字水印标准等。

国家现已颁布的技术性标准规范有《纸质档案数字化规范》、《电子文件归档光盘技术要求和应用规范》（DA/T 38—2008）、《文书类电子文件元数据方案》、《版式电子文件长期保存格式需求》、《基于XML的电子文件封装规范》等。

（四）评价性标准规范

评价性标准规范是对档案信息化及电子档案管理的成果和效用进行评判的指标体系，包括档案信息系统（包括数字档案室、数字档案馆、电子文件归档管理等系统）的研制、档案信息资源的开发和利用、信息安全、信息技术应用的广度和深度、信息化人才开发、信息化的组织和控制、信息化的效益等评价的标准。其中信息资源开发和利用应该是测评指标体系中的重要部分，可细化为馆（室）藏档案数字化的数

①张照余．档案信息化理论与实践[M]．北京：中国档案出版社，2007．

量、多媒体编研成果的种类和数量、数字信息的提供利用方式、数字档案的利用频率等。

三、标准规范的贯彻落实

标准一旦颁布生效就应当具有严肃性和权威性。为了更好地落实档案信息化标准规范,要做好以下工作:一是档案信息化标准规范的宣传教育。通过举办专题培训班,或将有关标准内容纳入档案专业培训课程,宣传有关标准规范贯彻的意义、目的、内容、要求。二是采取行政手段,加强对档案信息化标准规范的宣传贯彻力度,做好常态化督促、检查和指导工作。三是将档案信息化标准规范的执行情况纳入信息化项目的评审、鉴定、验收程序和要求中。贯标通不过,责令整改,整改通不过,项目不予通过验收。从建设项目立项评估、可行性研究等前端开始,就给予强有力的标准指导和贯标监管。四是档案信息化标准规范建设要与时俱进。档案行政管理部门要收集贯标工作的信息反馈,及时发现标准规范脱离实际的情况,以便在调研分析的基础上对有关标准规范进行修订。五是档案信息化标准规范的修订要倾听行内有关领导、专家、业务骨干、计算机专业人员的意见,充分参考图书、情报、文博、电子商务、电子政务等相关标准,以便使标准规范做到向上、向下和横向兼容,确保其开放性、先进性和适用性。

第三节　信息安全保障系统

一、安全法律法规体系

保障信息安全首先需要建立档案信息安全法律法规体系,做到有法可依。该法律法规分布于档案专业的内部和外部,内部有涉及安全问题的档案法律法规,外部有涵盖档案管理的信息安全法律法规。

(一)涉及安全问题的档案法律法规

《中华人民共和国档案法》是我国档案法律法规的基石,在《档案法》及其实施办法的基础上,近年来我国档案界陆续制定出一些关于或涉及档案信息安全的规章、标准和规范性文件。如国家档案局2002年颁布的《全国档案信息化建设实施纲要》和国家标准《电子文件归档与电子档案管理规范》中均有针对档案信息安全的具体规定;2013年组织制定了《档案信息系统安全等级保护定级工作指南》(档办发〔2013〕5号),以落实国家信息安全等级保护制度。很多地方和单位也颁发了档案信息安全保管方面的规章制度,如上海市档案局颁发的《上海市档案条例》《上海市档案信息化建设实施意见》中均有关于确保档案安全的条款。

(二)涵盖档案管理的信息安全法律法规

我国档案信息化建设尚处于发展初期,专门针对档案信息安全制定的法律法规较少,档案信息安全法律法规体系的主要内容仍由涵盖或涉及档案信息安全的信息安全法规构成。这些综合性的信息安全法律法规为档案信息安全提供了基本的法律规范,也应列入档案信息安全法律法规知晓和执行的范畴,同时对制定和完善档案信息化的专门法律法规具有参考价值。

20世纪90年代初,我国开始重视信息安全的法律法规建设。1997年3月修订的新刑法中开始加入了信息安全方面的内容。《中华人民共和国刑法》第二百八十五条规定:“违反国家规定,侵入国家事务、国防建设、尖端科学技术领域的计算机信息系统的,处三年以下有期徒刑或者拘役。”第二百八十六条规定:“违反国家规定,对计算机信息系统功能进行删除、修改、增加、干扰,造成计算机信息系统不能正常运行,后果严重的,处五年以下有期徒刑或者拘役;后果特别严重的,处五年以上有期徒刑。违反国家规定,对计算机信息系统中存储、处理或者传输的数据和应用程序进行删除、修改、增加的操作,后果严重的，依照前款的规定处罚。故意制作、传播计算机病毒等破坏性程序，影响计算机系统正常运行，后果严重的，依照第一款的规定处罚。”第二百八十七条规定：“利用计算机实施金融诈骗、盗窃、贪污、挪用公款、窃取国家秘密或者其他犯罪的，依照本法有关规定定罪处罚。”

2009年通过的《中华人民共和国刑法修正案（七）》中对于惩治网络“黑客”的违法犯罪行为也于第二百八十五条之下增加了相关条款：“违反国家规定，侵入前款规定以外的计算机信息系统或者采用其他技术手段，获取该计算机信息系统中存储、处理或者传输的数据，或者对该计算机信息系统实施非法控制，情节严重的，处三年以下有期徒刑或者拘役，并处或者单处罚金；情节特别严重的，处三年以上七年以下有期徒刑，并处罚金。”“提供专门用于侵入、非法控制计算机信息系统的程序、工具，或者明知他人实施侵入、非法控制计算机信息系统的违法犯罪行为而为其提供程序、工具，情节严重的，依照前款的规定处罚。”这些条文从惩戒计算机犯罪的角度来保障网络系统的安全。作为国家最重要的法律之一，刑法条款对计算机犯罪具有相当的威慑力。

在行政法规与规章方面，国务院、各级地方政府陆续制定了一系列信息安全规范。其中，由国务院直接颁布的、具有指导性质的行政法规是《中华人民共和国计算机信息系统安全保护条例》《中华人民共和国计算机信息网络国际联网管理暂行规定》《信息网络传播权保护条例》。工业和信息化部按照国务院要求进一步制定了《通信网络安全防护管理办法》等规定。

国家公安部从网络系统安全保护和安全监控出发制定了《公安部关于对与国际联网的计算机信息系统进行备案工作的通知》《计算机信息系统安全专用产品分类原则》《计算机信息系统安全专用产品检测和销售许可证管理办法》《计算机信息网络国际联网安全保护管理

办法》《计算机病毒防治管理办法》《互联网安全保护技术措施规定》等文件。2007年公安部与国家保密局、国家密码管理局、国务院信息化办公室共同制定了《信息安全等级保护管理办法》。国家保密局则从网上信息安全保密责任出发制定了《计算机信息系统保密管理暂行规定》《计算机信息系统国际联网保密管理规定》。①

归纳起来，国家和地方各级政府制定的有关信息安全的法规制度，主要是从机房建设的安全保护规范、通信设备进网认证制度、国际接口专线制度、国际联网经营许可证制度和接入登记制度、联网备案制度、安全等级制度、安全产品销售许可证制度、保护信息安全规章、网络利用限制和安全责任制、计算机病毒防治制度、安全报告制度、安全违规犯法惩治制度等方面对信息安全进行规范。国内许多行业还根据自身的实际情况制定了本行业的信息安全保护规章。

在上述安全法规的基础上，档案界加强了对档案信息安全的行政执法，认真查处档案信息安全隐患和档案违法案件。随着信息技术的不断发展，档案工作者应不断进行档案信息化安全管理的研究以及跟踪最新的安全技术，对档案信息化安全管理工作的效果进行及时的分析和评估，不断完善安全防范体系。在保障档案信息安全的过程中，逐渐健全档案信息安全管理制度，增强管理人员的安全意识以及提高其管理水平，充分发挥档案工作人员、技术人员以及用户的积极作用，为推动我国档案信息化安全保障工作贡献力量。

二、安全管理体系

档案信息安全是基于技术的管理工程。从管理层面上讲，要确保档案信息的安全，必须在风险分析的基础上确立档案信息安全的策略、方针和目标，成立相应的管理机构，确立合理的管理机制，制定安全管理计划，分解安全管理职责，执行安全管理制度和管理标准，建立

①王辉，关曼苓，杨哲．大数据环境下档案信息化管理[M]．延吉：延边大学出版社，2018.

并实施完善的档案信息安全体系。因此,风险识别与风险评估是档案信息安全管理的基础,风险控制则是档案安全管理的最终目的。

(一)档案信息安全系统管理模式

新的风险在不断出现,档案信息系统的安全需求也会随之不断变化,因此安全管理应是动态的、不断改进的、持续发展的过程。档案信息安全管理模型可选择PDCA模式,即计划(Plan)、执行(Do)、检查(Check)和行动(Action)的持续改进模式。采用PDCA管理模式,每一次的安全管理活动循环都是在已有的安全管理策略指导下进行的,每次循环都会通过检查环节发现新的问题并采取行动予以改进,从而形成安全管理策略和活动的螺旋式提升。如图5-1所示。

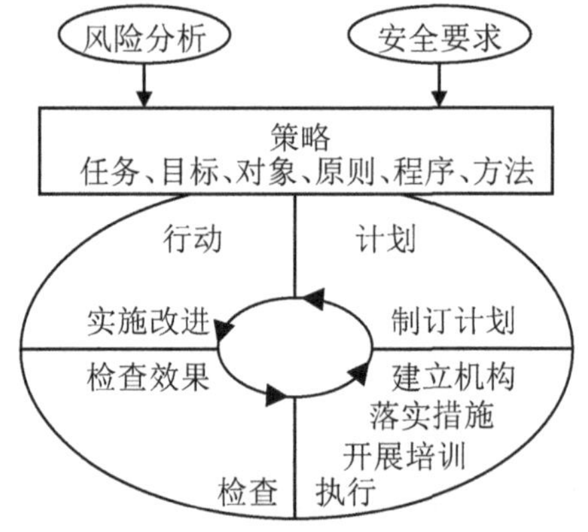

图5-1　安全管理模型——PDCA持续改进模式

信息安全管理PDCA持续改进模式把PDCA管理模式与安全要求、风险分析有机地结合在一起,考虑了信息安全中的非技术因素,同时加强了信息安全管理,具有广泛的适用性。

(二)档案信息安全系统管理的具体实施

在档案信息安全管理模式中,档案信息安全管理中心是整个系统的核心,每一个环节都要定期地与档案信息安全管理中心进行安全信息交流,当档案信息安全管理中心认为有必要对其安全目标进行调整时,要及时向上级领导汇报,等待最终的定夺。

1.完善组织机构

有条件的档案部门可以成立档案信息安全管理中心，负责实施和监控整个档案信息安全管理活动。安全管理中的每一个环节都必须与安全管理中心进行信息交流，安全管理中心还具备评价数字档案信息安全管理体系运作情况的功能，可以对安全方针、安全制度和安全措施的实施结果进行调查，并分析这些安全举措对档案信息安全的影响，然后提出相应的改进方案。数字档案信息安全管理中心由部门领导，信息管理专家，信息技术专家，技术雄厚、人员稳定的开发队伍，以及有关的工作人员组成。

2.进行风险评估

根据最新的研究数据，在全部的计算机安全事件中，约有60%是人为因素造成的，属于管理方面的失误比重高达70%以上，在这些安全问题中，95%是可以通过科学的风险评估来避免的。

因此，档案部门必须清楚档案信息系统现有的以及潜在的风险，充分评估风险可能带来的威胁和影响，这是档案信息化建设必须首先解决的问题，也是制定信息安全策略的基础与依据。进行风险评估，不只在明确风险，更重要的是为数字档案信息安全管理提供基础和依据。

风险评估是一项耗时、需要人力支持和相关专业或业务知识支持的工作。风险评估应遵循以下原则：①安全、风险和成本均衡分析原则。即用最小的成本达到适度安全的需求；②整体性原则。运用系统工程的原理进行网络信息安全的整体解决方案设计，以达到完整性的要求；③可用性和易操作性原则。信息安全系统对于操作者应该是可用的，操作应该是简单易行的；④适应性和灵活性原则。安全策略必须随着网络性能和安全需求的变化而变化，应适应性强，易修改。

3.制定安全策略

制定档案信息的安全策略，要在完善配套、科学合理的有关数字档案信息安全的法制和标准体系下，通过有效的信息安全技术和安全管理遏制来自外部和内部的攻击，增强安全防护能力和隐患发现能力，确保数字档案信息资源内容和信息载体的安全，达到所需的安全级别。具体安全策略可分为内部建设安全策略和网间互联安全策略等，应循序渐进地加以完善，最终形成功能强大的数字档案信息安全管理体系。

制定安全策略时不能脱离实际，过于理论化或限制性太强的安全策略可能导致工作人员的漠视。因此在制定安全策略时必须遵循以下原则：越符合现状越容易推行，越简单越容易操作，改动越小越容易被接受。档案信息安全策略需要根据信息技术发展、自身的安全需求进行不断的修改和更新，以保证档案信息安全不受新的信息安全风险的影响。

4.开展数字档案信息安全管理培训

开展数字档案信息安全培训是档案信息安全管理体系的重要环节之一，特别是各关键岗位的人员，对档案信息的安全起到重要作用。在实际工作中，大部分档案信息安全问题都是由人为因素造成的。人本身就是一个复杂的信息处理系统，还会受到自身生理因素和心理因素的影响，受到技术熟练程度、责任心和道德品质等多方面的影响。因此对档案部门工作人员的培训不应是“一次性”的活动，需要定期对人员进行安全策略及安全技术的“应知、应会”培训，尤其是在安全策略更改或面临新的安全风险、部署新的安全解决方案之后，更要对其加强培训，以保证安全策略的有效程度。

5.贯彻执行管理决策

管理决策的贯彻执行必须依靠人来完成，虽然档案信息安全保障体系的建设涉及档案部门各个方面的因素，但最基本的因素还是“人”。没有机构人员的认可、理解与支持，就没有实施数字档案信息安全管理保障体系的前提；没有档案部门的有力组织和协调，则很难保证信息系统建设的顺利进行；没有相关实施人员的互相配合和出色工作，就无法使信息系统中各模块的信息无缝集成；没有具体业务人员及时准确地收集各种基础信息，就没有信息系统的输出；没有资深咨询顾问的正确指导，信息系统实施就难免多走弯路，甚至有可能失败。

6.持续评价与完善管理体系

首先，确定待评价系统的边界和范围，明确评价的目的，以系统整体为立足点，总体分析各方面的效益与成本，及其与系统各构成部分的关系；其次，确定待评价系统的状态与所处的阶段，如可行性分析、总体设计、系统开发与运行等各阶段；再次，选择适当的评价方法，如结果观察法、类比-对比法、专家评价法或评分法等，确定适当的评价指标；最后，收集有关数据、资料进行分析、计算，得出评价结果，并将评价结果书面化。根据评价结果不断完善、提高档案信息安全管理体系及具体实施过程的有效性和效率，以满足自身用户和其他相关方日益增长和不断变化的需求与期望。

三、安全技术体系

目前，档案信息安全在技术方面主要采用信息加密技术、信息确认技术、访问控制技术、病毒防治技术、审计技术、防写技术等。

（一）信息加密技术

加密是保障信息安全最基本、最经济的技术措施，也是大多数信息防护措施的技术基础。加密的作用是防止敏感的或有密级限制的信息在传输过程中泄密。

文件加密所采取的加密算法形形色色。据不完全统计，目前已经公开发表的加密算法多达数百种。电子文件加密的基本过程是：在存储或传输前将原先借助相应的软件可以识读的数码序列（称为明文）通过数学变换（加密运算）变成无法识读的“乱码”（称为密文或密码）；利用时再通过数学变换（解密运算）将“乱码”还原成可以识读的数码序列。其中，加密运算和解密运算都是在一组密钥控制下进行的，密钥是控制加密算法和解密算法实现的关键数据。

电子文件的加密、解密机制如图5-2所示。

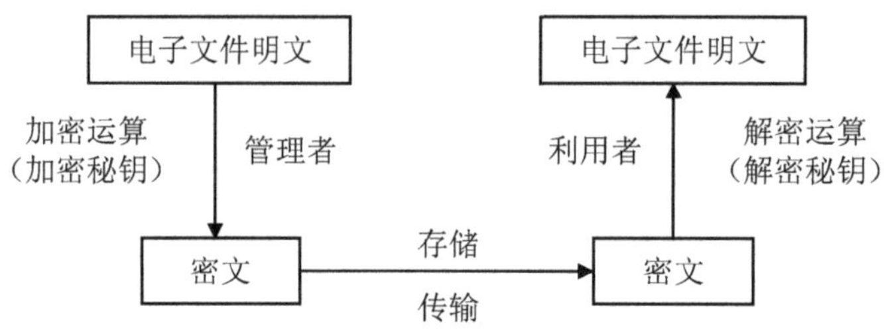

图5-2　电子文件加密技术示意图

密钥对非授权者是保密的，因此，可防止非法用户破解密钥而窃获文件内容。根据文件加密和解密时所使用的密钥是否相同，加密算法可以分为对称加密解密法和非对称加密解密法两种。

在对称加密解密法中，加密密钥和解密密钥是相同的，或者知道其中一个密码就可以方便地推算出另外一个密码，因此密钥必须绝对保密。问题是，在发送加密文件之前首先要通过安全渠道将密钥分发到双方手中，其传递过程中很容易造成密钥泄漏。而且，如果某涉密文件分发的单位多，密钥的安全控制会有很大的难度。这种方法在对涉密文件进行静态管理时比较有效，如自己撰写的保密文件给自己使用，防止被人偷看。目前，Word、Excel文件的加密就是采用对称加密解密法。

然而，如果涉密文件需要传输，特别在大范围传播时，就需要用下面的方法。

非对称（又称双钥）加密解密法中，加密方和解密方使用的密钥是不相同的，密件经办人需预先准备两把钥匙，一把公钥，一把私钥。当发送密文时，发送者使用收文者的公钥，将文件加密后发给收文者，收文者收到密文后，用自己的私钥解密文件。由于只有拥有该私钥的收文者才能解密这份文件，所以文件的传递过程是安全的。

(二)信息确认技术

对于纸质文件,以往用书面签署或签印的形式将责任者名或责任者特征(如指纹)固化到文件载体上,借助纸质文件载体与内容的不可分离性来证明文件内容的原始性和真实性,使文件具备法律效用。这种方法显然不适用于不具有恒定载体的电子文件。对于虚拟流动的电子文件,信息确认技术起到了相当于签署纸质文件的作用。

信息确认技术是指通过一定的技术手段防止文件的内容被非法伪造、篡改和假冒,同时用来确认文件的发出、接收过程及利用者身份和权限的合法性。完善的信息确认方案应能实现以下四个目标:第一,合法的文件接收者能够验证其收到的档案文件是否真实;第二,发文者无法抵赖自己发出了所发的文件;第三,合法发文者以外的人无法伪造文件;第四,发生争执时,具有仲裁的依据。

实现上述目标需要综合采用多种技术手段,目前,常用的有数字摘要技术、数字签名技术和数字水印技术。

1.数字摘要技术

文件的发送者采用某种特定算法(摘要函数算法)对发文进行运算,获得相应的摘要(即验证码),摘要具有这样的性质:如果改变发送文件的内容,即便只是其中一个比特,获得的摘要也会发生不可预测的改变。摘要将作为发送文件的一部分附加在文件后一起发出,接收者则利用双方事先约定好的摘要算法对收到的文件作同样运算,并比较运算所得的摘要与随文件发送来的摘要是否一致,以此鉴定收到的文件是否在发送过程中受到篡改。如果摘要函数(相当于前面的密钥)仅为收发文件的双方所知,通过上述报文认证即可达到信息确认的上述四个目标。这种方法的缺点是:因收发文双方使用相同的摘要函数,因而,摘要函数本身的安全保密性是一个很大的问题,多次使用的摘要函数一旦被第三者窃获,报文认证便不再安全。

2.数字签名技术

随着《中华人民共和国电子签名法》的生效,数字签名在法律与技术上走向成熟。数字签名是指数据电文中以电子形式所含、所附用于识别签名人身份并表明签名人认可其中内容的数据,而数据电文是指以电子、光学、磁或者类似手段生成、发送、接收或者储存的信息。

从技术上看,数字签名是非对称加密技术的一种,其基本原理类似于上述报文摘要技术。首先,签名者使用签名软件对拟发送的数据电文(电子文件)进行散列函数运算,生成报文摘要;然后,由签名软件使用签名者的私钥对摘要进行加密,加密后的报文摘要附着在电子文件之后,连同签名者从认证机构处获得的认证证书(用以证明其签名来源的合法性和可靠性)一同传送给文件接收者。文件接收者在收到上述信息后,首先使用软件用同样的散列函数算法对传来的电子文件进行运算,生成报文摘要,同时,使用签名者的公钥对传送而来的报文摘要进行解密,将解密后的报文摘要和接收者运算生成的报文摘要进行比较,如果两个摘要一样,就表明接收者成功核实了数字签名。在核实数字签名的同时,接收者的软件还要验证签名者认证证书的真伪,以确保证书是由可信赖的认证机构颁发的。经核实的数字签名向文件的接收者保证了两点:第一,文件内容未经改动;第二,信息的确来自签名者。

签名者所用的数字签名制作工具(公钥、私钥、散列函数、软件等),不是由签名者自行制作的,而是由合法成立的第三方电子认证服务机构在充分验证发文者真实身份后提供的。电子认证服务机构颁发的数字签名制作数据及认证证书相当于网上身份证,帮助收文、发文者识别对方身份和表明自身的身份,具有真实性和防抵赖功能。与物理身份证不同的是,认证证书还具有安全、保密、防篡改的特性,可为电子文件信息的传输提供有效的安全保护。

3. 数字水印技术

数字水印类似于传统印刷品上的水印，用以鉴别电子文档的真伪。数字水印技术是在传输的文本、图像、音频、视频等电子文件中附加一个几乎抹不掉的印记，无论文件作何种格式变换或处理，其中水印不会变化。该印记在通常状态下隐匿不现，除非用特殊技术检测。

一旦这种水印遭到损坏，文件数据也会受到破坏。上述信息确认技术的实质是，文件发送者将签署信息（加密运算方法）以不可分离的方式与文件内容（而不是纸质文件的载体）“编织”一体，使他人无法在不改变签署信息的前提下改变文件内容，或者相反（就像无法不改变载体而改变纸质文件上的内容一样），而收文者则通过验证其信息内容中的签署信息来证实文件内容的原始性和发文者的原真性。

（三）访问控制技术

访问控制是信息系统安全防范和保护的主要策略，其任务是杜绝对系统内电子文件信息的非法利用和蓄意破坏。访问控制技术种类繁多，且相互交叉，目前主要有以下两类。

1. 防火墙

防火墙是设置在被保护文件系统和外部网络之间的一道屏障，以防止发生不可预测的、潜在的、破坏性的侵入，它可通过监测、限制跨越防火墙的数据流，尽可能地对外屏蔽系统内部的信息、结构和运行状况，实现内部网络的安全保护。防火墙可分为外部防火墙和内部防火墙：前者在内部网络和外部网络之间建立一个保护层，以防止“黑客”的侵袭，挡住外来非法信息，并控制敏感信息被泄露；后者将内部网络分隔成多个局域网，以此控制越权访问。防火墙可以是一个路由器、一台主机，也可以是路由器、主机和相关软件的集合。

电子文件系统在选择、使用防火墙时，应对防火墙所采用的技术、种类、安全性能及不足之处有充分认识。

第一，认真权衡防火墙的安全性能和通信效率，在文件安全和方便利用两者之间将安全放在第一位。

第二,对于中小型的文件管理系统,如果系统内外交换的信息量不是很大,信息重要程度属于一般,可以采用数据包过滤和代理服务型防火墙;而对于大型文件管理系统或信息安全要求较高的系统,可以考虑采用复合型防火墙。在系统安全和投资费用之间应进行权衡,不可不计代价地追求超出可能风险的安全性。

第三,对防火墙进行管理时,除了解防火墙的益处之外,还应了解防火墙自身的局限与不足。

第四,使用防火墙对外隔离时,不能忽视防火墙内部的管理,因为许多攻击来自内部。必要时可设置第二道防火墙,使内部网络服务器对内也被隔离(但这样会大大降低系统的效率)。

第五,为更好地保护文件管理系统,应尽量考虑采用国内自主开发的防火墙产品。

第六,防火墙属于信息安全产品,国家规定实行强制认证,在文件管理系统中使用的防火墙必须是经国家认证的产品。

2.身份验证

为防止未经授权的用户操作文件管理系统中的各类资源,通常在用户登录或实施某项操作之前,系统将对其身份进行验证,并根据事先的设定来决定是否允许其执行该项操作。验证过程对用户而言就是要提供其本人是谁的证明。身份验证的方法很多,并且在不断发展。但其验证对象有三:所知信息(如口令)、所持实物(如智能卡)、所具特征(如指纹、视网膜血管图、语音等)。口令是最普通的手段,但可靠性不高,智能化的“口令”是系统向被验证者提出一系列随机性问题,以其回答来验证身份。以指纹、视网膜血管图、声波纹进行识别的可靠性较高,但需要使用指纹机等特征采集设备,代价较大。智能卡技术将逐步成为身份验证技术的首选方案。智能卡是密钥的一种载体,形状如信用卡,由授权用户持有并由该用户赋予其一个口令或密码。该密码与内部网络服务器上注册的密码一致。为提高身份验证的可靠性,可将上述三种手段结合起来使用。

(四)病毒防治技术

即使采用防火墙、身份验证和加密技术,文件系统仍然可能遭到病毒的攻击。

防治病毒包括两个方面:一是预防,在系统或载体未染毒之前采取有效措施,防止病毒感染。二是杀毒,在确认系统或载体已染毒后彻底将其清除。防毒是根本,杀毒则是补救措施,目前普遍使用的是以特征扫描为基础的杀毒软件。

(五)审计技术

审计技术旨在记录电子文件运行处理的全部过程,抑制非法使用系统的行为。采用审计技术的电子文件管理系统将自动记录下系统运行的全部情况,形成系统日志。系统日志类似于飞机上的"黑匣子",是系统运行的记录集,内容包括与数据、程序,以及和系统资源相关的全部事件的记录,如机器的使用时间、敏感操作、违纪操作等。系统日记为电子文件真实性的认证提供了最基本的证据,借助系统日志,管理员可以分析出系统运行的情况,追踪事件过程、排除系统故障、侦察恶意事件、维护系统安全、优化对系统资源的使用。系统日志包括哪些内容必须根据文件系统的安全目标和操作环境个别设计。

(六)防写技术

防写技术是保障电子文件内容不被修改所采取的安全技术,其目的是通过技术手段来固定处于静态的电子文件的内容信息。大多数文件管理系统具有将运行其中的文件属性设置为"只读"状态的功能,在只读状态下,文件内容只能读取,不能更改,除非具有高级权限的用户来更改文件的"只读"属性。另一个简单的技术手段是将文件内容刻录到CD-R光盘、WORM磁盘等一次性写入存储介质上,这些不可逆式（无法改写已写入的内容）的存储载体有效防止了对静态电子文件内容的改动，保证了电子文件的真实性和完整性。

第四节　人才队伍保障体系

一、人才队伍的素养要求

（一）创新思想观念

观念虽然无形，但是对提升档案信息化人才的决策能力和执行能力具有决定性的作用，因此，需要培育以下七种新思维。

1. 开拓思维

树立追求理想、崇尚科技、奋力改革、不断开放、不畏艰险、不甘落后、奋勇拼搏、图存图强的开拓意识，破除守旧、畏难、不作为的落后意识。

2. 战略思维

战略是对事业发展全局性、长远性的谋划，战略眼光是大视野，战略目标是大手笔。为此要将档案信息化和社会发展的大趋势，如改革开放、经济繁荣、知识管理、文化传播等紧密联系起来，将社会需求作为档案信息化的前提，形成科学的“顶层设计”，自上而下、积极稳步地组织和推进档案信息化工作，改变过去各自为政、分头重复建设的粗放型发展格局。

3. 策略思维

策略是又快又好地实现战略目标的最佳路径。当前针对档案信息化的薄弱环节，应当实行“内合外联”的策略，即对内实行档案技术和信息资源的整合，以整合的实力提升外联的能力；对外实行与外部信息系统的外联，将优质档案信息资源接收进来、辐射出去，使档案信息系统成为社会信息的集散枢纽。

4. 人本思维

档案信息系统要真正做到“以用户为中心”，即以档案利用者和档案工作者应用度、满意度作为信息系统建设的出发点和归属点。为此，信息系统要尽可能满足用户，特别是社会大众的需求，且做到操作简便、界面友好、富有人性。[①]

5. 开放思维

网络是一个开放的平台，只有开放才能充分发挥网络化的优势。因此，档案信息系统要积极致力于与各种社会信息系统互联互通、无缝对接，在互联中获取更多的数字档案资源，在网络化服务中提升档案工作的社会影响力和认可度。

6. 忧患思维

电子档案的存储密集性、传播快捷性、技术依赖性和表现虚拟性，使其失真、失全、失效、失密的风险日益增大，而且数字化带来的灾难往往具有一瞬间、毁灭性的特点。因此，从事档案信息化建设工作要居安思危、未雨绸缪、警钟长鸣，一手抓技防，一手抓人防，两手都要硬。

7. 辩证思维

档案信息化会遇到许多矛盾的对立面和统一体，如资金的投入与产出、数据的存入与取出、配置的集中与分散、信息的共享与保密、文件的有纸与无纸、资源的增量与存量等，需要我们用联系的方式和发展的眼光去看问题，处理好对立统一的关系，避免非此即彼或顾此失彼的僵化思维方式。

(二)重构知识结构

按照档案信息化的需要，现代档案工作者的知识结构需要作以下补充。

---

①陶庆萍，孙善清．档案信息管理[M]．南京：东南大学出版社，2015.

1.信息鉴定知识

信息时代的档案信息在规模上是海量的，在门类上是多维的，在价值上是多元的。档案工作者只有具备电子档案信息内容价值和技术状况的鉴定知识，才能及时、准确地捕捉和收集具有档案价值的信息，并根据其重要程度划定保管期限。

2.科学决策知识

档案信息化迫切需要科学规划。档案工作者只有具备开展调查研究、制定科学战略规划和规划实施方案的能力，才能把握大局、把握方向、登高望远、运筹帷幄，避免信息化走弯路、受损失。

3.宏观管理知识

档案行政管理是档案信息化的直接动力。档案工作者应当具备组织、指挥档案信息化工作的业务能力，有关档案信息化法规、制度、标准、规范的专业知识，以及从档案业务和信息技术的结合上依法行政的执行力。

4.需求分析知识

档案信息系统建设须以用户为中心，需求为导向。为此，档案工作者应能对档案信息的显在用户和潜在用户、当前需求和未来用户需求、本单位内部需求和社会大众需求，进行全面的、前瞻的分析，并对档案信息系统的信息需求、功能需求和性能需求进行准确的描述和规范的表达。

5.系统开发知识

为了实现档案业务和信息技术的完美结合，档案工作者必须全程、深度参与档案管理信息系统开发。为此，档案工作者需要学一点软件工程的理论和软件开发的技术，学会用信息技术的专业语言与信息技术人员进行沟通，准确表达档案工作者对信息系统建设的需求。

6.系统评价知识

评价是系统维护和改进的前提。档案工作者要具备评价档案信息系统质量的能力，能从档案管理和计算机技术的专业角度，评价档案信息系统的间接效益和直接效益，评价系统管理指标、经济指标和性能指标，并能对系统存在的问题提出改进的意见和建议。

(三)提升操作技术

1.信息输入技术

能够采用传统的键盘输入技术，先进的语音、文字、图像识别输入技术，数据导入、导出转储技术，数码摄影、摄像技术，快速、准确地输入文字、图像、声音、视频等信息。

2.信息加工技术

能够采用信息检索工具，从指定的网页、服务器、脱机载体中采集档案信息；能够按照档案的形式和内容特征进行分类；能够按照档案的内在联系进行组件、组卷或组盘；能够采用自动或手工方式对档案进行著录和标引，以及对档案元数据进行采集、封装和管理。

3.信息保护技术

熟悉或掌握数据库管理、数据组织、数据迁移、数据加密、数字签名、脱机存储、网络访问控制、数据容灾，以及维护电子档案真实性、完整性、有效性和安全性等的技术。

4.信息处理技术

熟悉或掌握文本编辑、图像处理、视频编辑、文件格式转换、数据下载或上传等技术；了解或掌握档案多媒体编研技术，能围绕特定主题，将编研素材编辑制作出档案编研成果。

5.信息查询技术

能够按照用户查档要求，正确选择检索项、关键词、主题词、分类号，并正确组织检索表达式，对在线或离线保存的文本、超文本全文信息进行检索，并对检索结果进行打印、下载、排序、转发等处理。

6.信息传输技术

能够采用包括电子邮件、短信、微博、微信等手段接收和传播文本型、图像型、声音型、视频型等各类型档案信息。

（四）优化队伍结构

档案信息化建设的人才队伍至少需要以下四种类型的专业人才，特别需要兼备两种以上特质的跨界复合型人才。

1.研究型人才

档案信息化需要科学的理论指导，没有理论指导的实践是盲目的实践，脱离实践的理论是空洞的理论。研究型人才是理论的探索者和实践的导向者，其主要责任是：研究档案信息系统建设的理论；探索电子文件归档管理和电子档案科学保管、远程利用的方法；研究新技术、新方法在档案领域的应用；研究、开发先进、适用的档案信息管理软件；提出电子文件和数字档案管理的标准规范；主持或参与档案信息化科研工作；从理论和实践的结合上指导档案信息化工作的开展；培养档案信息化建设人才。目前，档案信息化研究者主要由档案信息化工作者和高校师生构成，他们有各自的优势，却又在理论或实践方面存在着各自的不足。最好是两方面研究者进行强强联合、优势互补，共同促进理论和实践的紧密结合和良性互动。

2.管理型人才

档案信息化是复杂的系统工程，需要实行严格的目标管理和精细的过程控制。管理型人才的主要责任是：掌握国内外档案信息化建设的现状、经验教训、发展趋势；制定切实可行的档案信息化战略规划和实施方案；制定相关的管理办法和标准；组织、指挥、督促、指导本地区及本单位的档案信息化工作；协调档案信息化建设和其他外部信息系统建设之间的关系；培养和使用档案信息化人才资源；有效筹集和合理使用信息化建设资金等。目前，各机构的档案信息化管理职能多数由档案管理人员担任，他们具有传统档案管理的理论知识和实践经验，但往往缺乏信息化知识和技能，又由于公务繁忙，缺乏接受信息技术继续教育的机会，可能造成档案信息化管理上的缺位或错位。目前亟待通过各种途径，提高现有档案行政干部的信息化素养。

3.操作型人才

档案信息化涉及的环节多、操作性强，需要一大批既懂档案管理业务，又熟悉计算机操作技能的操作型人才。这类人才的主要责任是应用计算机网络技术，从事档案数据积累、归档、组卷(组件)、分类、编目、扫描、保管、鉴定、检索、数据备份等操作。他们的工作重复、枯燥，容易因疲劳、烦躁而出差错。而他们的工作责任心和操作能力，直接关系档案信息资源的安全、质量和价值。对他们的素质要求是具备强烈的信息安全意识、高度的工作责任心和熟练的操作技能，例如纸质档案扫描，要求熟练掌握规范的操作流程和方法，以及必要的图像处理技术。

4.其他类型人才

(1)法律人才

档案信息化建设，特别是网站建设，可能涉及保密、隐私保护、知识产权、合同管理、网络安全等法律问题，需要具有相关法律知识的人才提供法律支持。

(2)外语人才

外资、中外合资企业的档案信息系统和档案信息资源往往涉及大量的外文，需要外语人才。

(3)数据库管理人才

数据库定义、运行维护、资源配置、权限设置、数据迁移等都需要数据库管理的专业知识，此项工作往往由本单位信息技术人员担任，如果数据库服务器设在档案部门，档案部门也需要配备这样的专业人才。

(4)多媒体编研人才

如果本单位需要大量处理多媒体档案编研工作，则需要配备必要的多媒体档案编研人才，以便从事对多媒体档案的收集、整理和编辑工作。

值得指出的是，以上人才结构的落实，关键在档案部门的岗位设置。由于各单位受人力资源编制的限制，从实际出发，以上人才岗位的设置，既可以是专职，也可以是兼职，如果是兼职，则不宜兼职过多，以免影响其专业能力的发挥。

二、人才队伍建设的策略

（一）预测与规划

人才的引进与培养不可能一蹴而就，特别是从档案队伍中培养信息化人才需要较长的时间。为此，各单位要按照本单位、本行业档案信息化长远规划和可行条件，分析人才总量、结构、分布与需求的差距，对人才需要进行前瞻性预测，对人才引进和培养方式进行决策、制订计划、纳入编制，然后有步骤地引进和培养人才。规划时要综合考虑到人才的知识结构、技能结构和类型结构。

（二）组织与管理

1. 加强人才队伍建设工作

各机构要真正树立起科技是第一生产力和人才是“第一资源”的意识，把档案信息化人才队伍建设工作摆上重要议事日程，定期讨论研究，解决人才配备、培养、使用中遇到的难题。

2. 加强人才资源的行政管理

人力资源管理人员要注重发现有潜质的人才，将他们安排在适当的岗位，为他们提供施展才华的舞台；要培养人才的创业精神和实践能力，对在信息化建设中做出贡献者给予必要的奖励；要提供必要的工作条件、保障经费，加强对信息化人员的继续教育和岗位培训，提高他们的综合素质，增强他们的服务意识和档案信息安全意识；要重视对人才理论、人才成长规律和管理规律的研究，学习借鉴国外人才资源开发的经验。

3. 加强督促检查，狠抓落实

要定期对档案信息化人才队伍建设情况进行调查研究、督促检查，建立一套符合人才成长规律的工作制度，营造适合人才成长的良好氛围，为建设素质优良、结构合理、队伍稳定、技术精湛、经验丰富并具有敬业精神的档案信息化人才队伍提供各种支持条件。

（三）培养与使用

1. 人才培养途径

（1）对现有档案人员的教育与培训

加强档案业务人员培训是解决档案信息化建设人才需求的主要措施，是提高现有档案人员信息化能力和技能的主要途径。

在培训内容方面，《全国档案信息化建设实施纲要》提出："加强档案业务人员培训工作。坚持各级档案部门领导干部进修制度，把档案信息化建设相关的计算机应用基础知识、数字化技术知识、网络技术知识、现代管理技术知识等列入指导性教学计划；加强对档案业务人员应用新技术、新设备、新方法的培训，普及信息技术知识，提高档案业务人员掌握和运用现代化技术的技能。档案业务人员参加档案信息化等知识培训的时间应多于20课时。"

在培训方式方面，要把档案部门自主培训和社会辅助培训结合起来，发挥各方面的优势，增进培训效果。档案部门自主培训的方法包括：建立人才培训中心，根据实际需求分期分批地进行轮训，有条件的单位可以设立研究机构，培养高级信息人才。借助社会协助培养包括：利用高校优势，加大档案信息专业培训力度，与国内外教育或信息、技术机构合作建立人才培训中心，选拔有培养前途的档案业务人员到高校深造。

不管采取何种培训方式，首要的一点就是要有科学的规划和必要的投入。有了规划，人才培训机制才能得以建立，培训工作才能坚持始终。投入则是培训工作的资金保证，没有投入，即便有再好的规划，培训工作也难以落实。同时，要把档案信息化建设的实践作为锻炼队伍、培训人才的过程，成为边学习、边实践，不断总结、不断提高档案业务人员信息化建设能力和实际操作技能的过程。

(2)引进人才

档案信息化建设需要的信息技术、信息管理专业人才,很难在短时期内从档案工作者中培养起来。为了满足急用之需,需要从社会上引进IT人才。引进的人才一定要综合素质高,事业心、责任心强,信息技术能力强,团队协作意识强。为此,在引进人才时要严格审核,特别要考察其解决实际问题的能力,避免盲目引进。对引进的IT人才,要尽快使其掌握档案理论和业务知识。

(3)短期聘用人才

IT人才也分各种层次和专长,他们适用于档案信息化建设的各个阶段和岗位,如系统分析员适用于系统建设的前期阶段。该阶段结束后,就基本不需要系统分析员了。因此,档案信息化建设中涉及的一些高级技术人才和纯技术性工作人才,可以用外包、合作或聘用的办法加以解决。档案信息化建设所需要的法律人才、外语人才、多媒体编研人才、数据库管理人才、系统维护人才,也都可以采取这种方式解决。

2.人才培养方式

人才培养的方式应当是多层次的。高等院校是档案信息化专业人才的培养基地,具有较强的师资力量、较高的科研水平和完备的教学设施,是我国档案人才培养的骨干和主体。目前,全国有档案学专业的高等院校几十所,每年培养档案学专业人才千余名。然而,这些院校现有的教学规模仍不能满足档案信息化人才发展的需要,而且单纯的学历教育难以满足档案信息化实践的需要。因此,必须通过继续教育、岗位培训、专题短训等方式,对具有档案专业背景和信息技术背景的人才,按照“缺什么,补什么”的原则,进行各种专业知识和技能的突击培训,完善人才的知识结构,以解档案部门复合型人才缺乏的燃眉之急。

3.人才的使用

档案信息化建设要想吸引人才、留住人才、调动人才为档案事业奉献的自觉性和主动性，就需要制定相应的人才吸引政策，关注和解决档案信息化人才的切身需求，给人才安排适当的岗位，使其发挥专长，给人才提供继续教育和实现自身价值的机会，真正做到以"事业留人""感情留人""适当的待遇留人"，真正做到人尽其才、才尽其用。

第五节　信息技术保障体系

一、新一轮信息技术发展的"四化"

当今时代，在社会需求的驱动下，信息技术的发展精彩纷呈，并呈加速度的态势。归纳起来有以下的"四化"。

(一)移动化

笔记本电脑、智能手机、移动电视、平板电脑，以及各种电子阅读器的迅速普及，加上各种无线、宽带互联网技术的迅猛发展，使包括多媒体在内的各种信息的处理、传播具有更强的移动性、便捷性、普及性。人们对信息的获取和使用已经全面进入移动化时代。

(二)融合化

主流网络和先进终端设备的融合，加上4G、5G移动通信和Wi-Fi无线宽带技术的普及，以及包括多媒体、高清、数码压缩、流媒体播放等影像技术的飞速发展，使人们可以利用碎片时间上网工作、学习、交友、娱乐，从而使网络使用更加人性化、私密化、娱乐化、交互化、移动化，各种信息跨越时空，深入社会各领域，改变人类的生活方式。目前新兴的信息技术，包括云计算、大数据、物联网等都采用了融合技术，"互联网+"代表了融合的发展趋势。档案信息化要密切关注和应用新兴信息技术的融合优势。

(三)虚拟化

虚拟技术是利用计算机模拟某种时空环境,使人们在虚拟环境中感受真实环境,从而省却了置身真实环境所需的资金投入,减少了安全风险。如虚拟终端技术可将某应用软件推送到低配置的终端机上,终端机只需要浏览器,不用下载和安装软件,即可享用千姿百态的网络资源。目前虚拟终端、虚拟服务器、虚拟存储、虚拟桌面等技术迅猛发展,随着云技术的普及应用,虚拟技术与商业运作模式结合起来,必将迅速拓展到社会生活的各个方面。在档案信息化中,虚拟档案馆、虚拟档案室的应用将使数字档案馆、数字档案室建设向更加专业化、规模化、集成化和高效化方向发展,使未来档案信息系统以更低的成本和风险、更高的质量和效率运作。①

(四)依存化

未来信息技术的应用都不是异军突起、孤军作战,各种新技术必将更紧密地相互依存、集成,优势互补,浑然天成,例如云技术就融合了网格技术、虚拟技术、分布技术、资源均衡技术等。同时,新技术的应用将更加依赖运行的环境体系,例如云技术应用就需要依靠法制化、规范化的商业运作模式。对各种信息技术的综合化、集成化应用,以及在新技术应用中各种保障措施的及时配套跟进,将考验档案行业驾驭信息技术的能力和智慧。

二、云计算技术在档案信息化中的应用

云计算是当前信息技术领域的热门话题之一,正受到社会各界的高度关注,并将使档案信息化面临一系列新的机遇和挑战。

(一)云计算的概念及特征

云计算是一种基于互联网的计算方式。这种方式利用分布式计算和虚拟资源管理等技术,通过网络统一组织和灵活调用,将分散的信息资源集中起来形成共享的资源池,并以动态按需和可度量的方

①徐华,张敏,王顺. 档案信息化建设实验教程[M]. 北京:北京师范大学出版社,2012.

式，向使用各种形式终端的用户提供服务。在云计算环境中，应用软件直接安装到了“云”端的服务器中，而不是用户终端上，用户仅需要通过Web浏览器登录到“云”端的管理平台就可以使用软件并得到所需服务。“云”是对计算服务模式和技术实现的形象比喻，它由大量基础单元——云元组成，各个云元之间由网络连接，汇聚成为庞大的资源池。

按照云计算服务提供的资源所在的层次不同，可以分为IaaS（基础设施即服务）、PaaS（平台即服务）和SaaS（软件即服务）三种服务方式；根据服务对象的不同，则可以分为面向机构内部提供服务的私有云、面向公众使用的公有云以及二者相结合的混合云等。

（二）云计算用于档案信息化建设的优势

采用云计算技术能够为档案信息化建设带来诸多益处。

1. 实现档案信息资源共享

通过云计算，档案部门可避免因档案管理系统软件的多头开发所造成的“信息资源孤岛”现象，可在不同地域档案部门之间共同构筑档案信息资源“共享池”，实现电子档案资源的高度集中、统一管理和广泛共享。

2. 节省投资成本及运维费用

众多档案部门不再需要构建自成体系的软硬件平台，而以极低的成本投入获得极高的运算能力，大幅度减少了运维费用和提高了运维效率。

3. 提高信息系统的安全性

以往档案馆中的数据都集中在本馆的服务器上，一旦服务器出现故障，档案馆就无法为用户提供正常的服务，甚至导致数据的丢失。而采用云计算就会存在大量服务器，即使某台服务器出现故障，其他服务器也可以在极短的时间内将故障服务器中的数据拷贝到其他服务器上，并启动新服务器，继续提供无间断服务。

4.解决人才短缺问题

云计算的档案信息系统维护都由云端技术人员负责，与目前各档案部门配备专门的信息技术人员的做法相比，既专业又节约人力成本。

（三）云计算对档案信息化的保障

目前，档案信息化面临资源整合难、数据集中难、系统运维难、资金投入难、人才引进难等诸多难题。云计算技术的出现，将为档案部门走出困境提供新的思路。

1.档案信息化基础设施保障

由于经济水平的差异，不同地区对档案信息化建设的投入也存在较大差别。

经费紧张的地区难以满足基础设施建设的需求，而经济发达地区的一些基础设施资源存在闲置的现象。档案部门可以采用云计算的“基础设施即服务”方式，整合档案行业的服务器、存储器等设备，通过“云”平台，向各级档案部门提供基础设施服务，这样不仅可以避免设施建设重复投入的浪费，也可以减少技术力量较弱的档案部门的系统运维开支。

2.档案信息化业务平台保障

档案管理应用系统的研发和运维需要档案部门投入大量资金和人力，即便如此，尚且难以确保应用系统的质量。采用“平台即服务”模式，各级档案部门可以集中使用资金和优秀的人才，研制和推广通用的档案管理软件，既可避免软件重复研制的资金投入，又可改变过去因重复建设造成的数据异构、平台异构、流程异构，档案信息资源难以互联共享等弊端。

3.档案信息化高效利用保障

如何通过档案的社会化服务，增强档案的社会利用价值、提高社会的档案意识，是新形势下加强和改进档案工作的重要课题。

依托部署在“云端”的档案资源管理体系，公众可便捷地获得数字档案资源，并开展不同专题的档案编研；也可以将家庭档案和个人收藏制作成精美的网络展览推入“云端”共享；还可以利用“云端”提供的“一站式”检索功能获得跨专业、跨地区的档案信息。

在国家档案局开展的“中国档案云”项目中，已建设了以云计算技术为依托，覆盖全国各级综合档案馆，为社会提供统一查询利用开放档案信息的专业化平台，该门户网站被命名为“中国记忆”。

（四）云计算应用于档案信息化遇到的障碍

云计算必将会大幅加快档案信息化建设的步伐。但目前云计算技术研究还处于初级阶段，存在诸多问题需要解决。其中，安全问题与标准问题是制约云计算与档案信息化相结合的主要因素。

1.安全风险时有发生

档案是国家的宝贵财富和重要信息资源，具有一定的保密性，安全性要求相当突出。自云计算服务出现以来，由于软件漏洞或缺陷、配置错误、基础设施故障等原因造成信息服务中断的事件时有发生。与传统的信息化系统一样，从技术上看，云计算系统的安全漏洞是不可避免的，且由于网络服务化、数据集中化、平台共享化和参与角色多样化，云计算所面临的安全风险相对于传统信息化系统更加复杂。但同时也应看到，在绝大多数情况下，相对于个人和中小企业用户而言，云服务提供商可以提供更加专业和完善的访问控制、攻击防范、数据备份和安全审计等安全功能，并通过统一的安全保障措施和策略对云端IT系统进行安全升级和加固，从而提高这部分用户系统和数据的安全水平。

2.相关制度尚未建立

云计算技术在火热的概念背后，仍有诸多模糊的定义。每一个云提供商都站在自己的利益角度解读这项技术，以求更大的经济效益。“无规矩不成方圆”，缺乏云计算服务所必需的标准规范、合同范本、采购管控、评估认证、后期管理等相关配套制度和管理机制,使云计算在档案领域的应用面临诸多困难。

然而,云计算毕竟是信息化发展的新趋势,档案信息化必须以积极的心态迎接档案云时代的到来。

三、大数据技术在档案信息化中的应用

(一)大数据概念探析

大数据的起源可以追溯到2000年前后,从那时开始互联网网页呈现爆发式增长,在这样的情况下,用户在互联网上检索准确信息也变得越来越困难。谷歌公司为提高用户使用互联网的效率,率先建立了覆盖数十亿网页的数据库,成了大数据应用的起点。而大数据技术的源头,则是谷歌公司提出的一套以分布式为特征的全新技术体系。

大数据从出现至今,一直都是全社会关注的焦点,至今仍无公认的定义。对于大数据,可以从资源、技术、应用三个层次理解:大数据是具有体量大、结构多样、时效强等特征的数据;处理大数据需采用新型计算架构和智能算法等新技术;大数据的应用强调以新的理念应用于辅助决策、发现新的知识,更强调在线闭环的业务流程优化。大数据不仅“大”,而且“新”,是新资源、新工具和新应用的综合体。

(二)大数据关键技术

从数据在信息系统中的生命周期来看,大数据从数据源经过分析挖掘到最终获得价值一般需要经过五个主要环节,包括数据准备、数据存储与管理、计算处理、数据分析和知识展现。对于数据准备环节和知识展现环节来说,大数据所带来的变化只体现在量上,而对于数据分析、计算和存储三个环节则有较大影响,需要重构技术架构和算法,而这也将成为当前和未来一段时间内大数据技术创新的焦点。

1.数据准备环节

大数据数量庞大、格式多样,质量也良莠不齐,因此在数据准备环

节必须对其进行格式的规范化处理，为后续的存储与管理奠定基础。此外，要在尽可能保留原有语义的情况下去粗取精，消除数据噪声。

2. 数据存储与管理环节

当前全球数据量不断增长，数据的海量化和快增长特征是大数据对存储技术提出的首要挑战。谷歌文件系统（GFS）和Hadoop分布式文件系统HDFS（Hadoop Distributed File System）采用分布式架构，弥补了传统存储系统的不足，同时能够具备较高的并发访问能力。

大数据对存储技术提出的另一挑战则是多种数据格式的适应能力。格式多样化是大数据的主要特征之一，因此大数据存储管理系统必须满足对各种非结构化数据进行高效管理的需求，非关系型数据库（NoSQL，Not Only SQL）应运而生。

如谷歌BigTable和Hadoop HBase等都是典型的非关系型数据库，具有良好的包容性，能够应对非结构化数据多样化的特点。未来，大数据的存储管理技术将进一步把关系型数据库的操作便捷性特点和非关系型数据库的灵活性特点结合起来，研发新的融合型存储管理技术。

3. 计算处理环节

大数据的计算是数据密集型计算，对计算单元和存储单元间的数据吞吐率要求极高，对性价比和扩展性的要求也非常高，分布式并行计算技术弥补了传统并行计算系统在速度、可扩展性和成本上的不足，以适应大数据计算分析的新需求。

4. 数据分析环节

数据分析环节是大数据价值挖掘的关键。目前大数据分析主要有两条技术路线：其一是凭借经验知识，人工建立数学模型分析数据；其二则是通过建立人工智能系统，使用大量样本数据进行训练，让机器代替人工，获得从数据中提取知识的能力。人工智能和机器学习能够更好地适应当前的大数据环境，具有良好的前景。

5. 知识展现环节

在大数据服务于决策支持场景下，以直观的方式将分析结果呈现给用户，是大数据分析的重要环节。如何让分析结果易于理解是知识展示环节的主要挑战。但是在嵌入多业务的闭环大数据应用中，一般是由机器根据算法直接应用分析结果而无须人工干预，这种场景下知识展现环节则不是必需的。

（三）大数据对档案信息化的保障

1. 档案数据高效存储保障

目前，馆藏数字档案量已经从TB级别跃升至PB级别，与此同时，科技进步衍生出的数据呈现出了分布式和异构性特点，需要归档的数字资源繁多，包含结构化、非结构化和半结构化数据。非结构化数据如文本、图片、各类表格、图像和音视频等，半结构化数据如E-mail、HTML文档等，都不便于使用关系数据库二维逻辑表来表现。

传统关系型数据库已经无法满足数量庞大、类型多样的档案资源的组织与管理需求，需要引入大数据管理系统对档案进行分布式存储、快速检索。大数据存储方法有很多种，如Hadoop、NoSQL，都具有一些共同的特点，即利用硬件的优势，使用可扩展的、并行的处理技术，采用非关系模型存储处理非结构化和半结构化的数据，并对大数据运用高级分析和可视化技术。

2. 档案数据价值挖掘保障

在档案数字资源中，不同的档案数据中蕴含的价值存在差异，有可能导致用户获取价值信息的难度增大。如何从这些资源中提炼、挖掘出有价值的档案信息，并以人们易于接受的方式传递给用户，是目前档案工作者必须解决的问题。

大数据时代带来新的技术，为档案工作者提供解决问题的新方式。档案工作者可以采用大数据技术，在海量档案数据中发现关联，从不同角度对其进行聚类和分类，以多维度、多层次的方式展现档案数据，将非结构化数据转换为结构化、半结构化数据，从而使用户更准确、更容易获得档案信息。必要时,还可以通过可视化技术,形成图形图像,直观地展示最终结果。从海量数据中分析潜在的知识决定着大数据时代档案工作的发展水平及方向,也意味着大数据时代,档案工作的重心将向档案资源的数据分析、数据挖掘方向转移。

3. 档案数据高效利用保障

档案工作的目的是提供可利用的档案资源。大数据时代下的档案工作服务讲求时效性和便捷性,基于大数据技术可为实现网络信息服务的智能化、个性化、精品化提供支持工具。依托互联网技术,可以全方位地实现档案信息智能检索服务、档案信息决策服务及档案信息跟踪与推送服务。利用这些技术手段,能有效清除传统档案分类在档案管理中存在的诸多弊端,将档案事业发展推向又一个全新的高度。

(四)大数据技术应用于档案信息化需注意的问题

1. 大数据技术实现问题

大数据技术相比传统技术更为复杂。不同于传统的档案管理技术,档案大数据管理系统通常是一个由很多节点组成的分布式系统,实现起来较为困难。档案管理工作者需要打破专业限制,寻求与专业的、具有相应资质的大数据开发公司合作,将行业的需求和大数据技术结合起来,才能开发出适合档案行业特点的大数据平台。另外,我国纸质档案数字化形成的绝大多数都是文字图像,不便于大数据技术的处理,应当将文字图像通过OCR识别,生成文本文件,并尽可能提高识别的准确率,为档案大数据处理创造条件。

2. 信息安全问题

档案是不可再生的社会核心信息资源,但有时人为的操作失误、系统技术故障、计算机病毒等原因都会造成档案数据的破坏,给机构甚至国家带来巨大损失。因此,在实施大数据技术时,要重点加强信息安全保障体系建设,采取各种安全技术措施,保证档案数据的完整与安全。

3.保密问题

大数据时代下，档案信息主要通过网络进行传输，容易被复制和扩散，导致档案信息资源在开发和利用过程中可能出现信息泄漏、隐私权被侵犯、知识产权纠纷等隐患。对于国防、军事、科技等领域来说，档案涉密层次高，一旦泄密将直接危及国家安全。如何实现涉密档案信息资源的合理利用，既充分发挥涉密档案的价值，又保证涉密档案的安全，是大数据时代档案管理面临的重大挑战。

大数据时代的来临，相比其他信息技术更加契合档案信息化建设工作的需要，尤其是在当前的知识经济时代，将档案信息转化为知识资源，会成为新形势下档案工作的必然发展方向。

第六章　档案信息化管理的创新探索

第一节　多载体档案统筹管理

一、档案目录信息统筹管理

无论是电子的还是纸质的档案，无论是手工管理还是计算机自动化管理，整理、分类和编目始终都是档案工作的重要组成部分，档案目录是各级各类档案馆提供档案服务利用的基础信息，也是实现档案检索和提供档案利用的重要依据。

馆藏的传统载体档案中，手写档案目录是最常见的方式，而新归档的各类档案会形成各种机读档案目录。为了方便档案利用者，档案馆必须对已有馆藏和以后归档的所有档案的目录信息进行整合，按来源原则或信息分类方式分别进行整理、分类与合并处理，形成能够覆盖各类档案资源的目录信息，并采用档案管理信息系统对档案目录信息实行统一管理，实现目录信息的资源共享和统筹管理。要避免长期以来一些档案馆的做法：数字化档案采用管理信息系统进行管理，纸质档案采用手工翻本的方式进行检索。在档案馆实施信息化过程中，目录信息的数字化也是很重要的一项任务，不能由于工作量大、过去没有录入就让它继续成为历史遗留问题。

案卷目录和卷内文件目录的关联管理也是档案目录信息统筹管理的工作内容，即尽可能将卷内文件目录也实行计算机化管理，并与其对应的案卷目录进行关联。当检索到案卷目录，就可以方便地浏览其卷内文件目录，以提高检索的准确度；当检索到卷内文件目录时，也能够很快地定位到它所对应的案卷目录及其所在的库房存址，以方便调卷。

当然，由于档案馆人、财、物等资源的限制，档案信息化工作也是一个循序渐进的过程，不可能一蹴而就，因此，需要根据业务工作需要的紧迫程度，首先解决重要问题。有些档案馆在信息化实施一开始，就注重新接收档案的目录建设和全文管理，而将原有馆藏档案的目录和实物数字化作为二期工程来实施。实力较强的档案馆则将两项工作并行开展，以提高档案数字化处理和信息化利用的效率。无论采取哪种策略和方式，档案信息化最终的效果都是将档案馆的档案全部实行信息化统筹管理，既方便档案工作者，又方便档案利用人员，更能为未来档案资源的社会化服务与信息共享奠定坚实基础。①

二、目录全文一体化管理

档案全文，一方面是指馆藏档案内容的数字化信息，如缩微胶片、照片，以及纸质档案数字化形成的静态图像文件，磁带、录像带等经过模数转化后形成的声音、图像等多媒体文件；另一方面是指各机构使用计算机和办公自动化系统等产生的电子文件归档后形成的数字化档案信息。这些全文信息是档案的内容实体，与档案目录信息相比较，档案全文能够提供更详细、更完整和更准确的内容和信息。

我们知道，数字化信息最大的特点是利用的方便性和检索的快捷性。档案馆花费大量的时间、人力、物力和财力开展馆藏档案数字化和接收电子文件进馆的主要目的是方便利用，对于使用频繁的历史档案而言，也起到了保护档案的目的。

实行目录全文一体化管理是信息化管理中比较有效的一种方式，其工作原理是首先在档案目录中进行检索，缩小范围，然后再检索全文，以便准确定位查档目标。通常采取的方式是，对档案目录信息采

①郭杨．档案信息化实践与管理创新[M]．长春：吉林科学技术出版社，2019.

用关系型数据库管理系统实行统一管理,将扫描后的图像文件和新接收的电子文件档案以文档对象或文件形式存储在文件服务器或者内容服务器上,并通过一定的访问规则将档案目录信息与这些文件对象进行关联。在检索到档案目录信息时,就可以浏览和检索全文。如果在信息系统中,还需要按照系统设定的用户对目录和全文的浏览、检索权限进行处理。

"目录全文关联归档"要求档案工作者转变传统的工作方法,从档案利用者的需求出发,分析档案被利用的范围和特点,遵循档案管理的原则和标准,对部门形成的数字化档案实行即时归档,即将"目录全文关联归档"的思想贯穿于电子档案形成的全过程。档案馆的工作人员也要充分利用现代化管理手段,通过网络开展指导、鉴定、归档与管理工作,将工作重点转移到分析档案利用者的需求、开发档案资源的编研与开发、监控电子文件的形成过程中,将工作模式从"被动接收"转变为"主动挑选",将真正有价值的、值得保存的电子文件转化为未来社会需要参考和利用的档案资源。

三、档案工作的"双轨制"

"双轨制"是指在文件形成处理、归档、保存、利用等过程中,纸质文件和电子文件二者同时存在,两种载体的文件同步随办公业务流程运转,同步进行归档,同步进入归档后的档案保管过程。

实行双轨制的机构,即文件在进入运转程序时就以电子和纸质两种载体并存,业务人员要对同样内容的两类文件进行并行办理。由此看来,"双轨制"的核心是从文件的产生开始就以两种载体形式记录各项社会活动的信息。这些记录中有保存价值的将作为档案进入归档阶段,纸质和电子的记录同时被移交到档案馆。这种从头至尾的彻底双套做法适用于各行各业信息化应用的初级阶段,特别是在《中华人民共和国电子签名法》发布之前,电子文件的法律效力无法认可,电子文件的安全性、真实性和完整性很难得到保障。2004 年 8 月 28 日《中华人民共和国电子签名法》经全国人大审议通过,2005年4月1日正式生效,2015年4月24日第一次修订,2019年4月23日第二次修订。有了法律保护,电子签名具有与手写签字或盖章同等的法律效力,电子文件与书面文书一样具有同等法律效力。从此,借助于网络环境、数字签名、身份认证等技术,电子文件在产生、审批、流转、会签、归档等各个过程中的原始、完整、有效和可读得到了保证。实现无纸化办公,成为21世纪人们追求高效率和科学化、规范化、自动化管理的现实需求。在这种形势下,是否还需要在文件的运转过程中实行“双轨制”成为大家关注的焦点和热点问题,也成为学者们研究的重点。

就网络、电子环境本身而言,尽管它们存在先天的“不安全”和“淘汰快”等缺点,但每一种新的服务器、存储器、数据资源管理系统的出现都会兼容老的版本或者出台新的数据转换或迁移方法,目的是确保原来的电子数据可读或不失效。

彻底的“双轨制”需要投入很多人力、财力、物力,在电子文件形成过程的管理上也很复杂。因此,很多单位采取“双套归档”的做法:一种是将办公自动化系统中属于归档范围的电子文件在归档前制作纸质拷贝,归档时将二者同时移交到档案馆;另外一种则是对纸质的文件进行数字化扫描和文字识别处理,形成纸质档案的电子拷贝。这样,保存的电子文件可以方便网络化利用,纸质文件则主要用作永久保存,有些单位则采用缩微技术,实现档案的缩微化保存。这些做法不可避免会增加档案馆接收档案和管理档案的复杂性,提高档案管理和保存的成本,但这依然是21世纪档案工作的主流方式。随着时间的推移,档案馆保存的纸质档案和电子档案的比例将会逐渐发生变化,但纸质档案还将会在相当长一段时间内成为馆藏的主要成分。

第二节　文件档案一体化管理

一、文档一体化管理思路

文档一体化强调电子文件管理全过程的连续性和信息记录的完整性，目的是确保有保存价值的电子文件在从生成开始到生命周期活动过程结束的全过程中，信息能够获得完全的记载和一致的保存。文档一体化管理的思路体现在以下几个方面。

(一)管理过程的互动性

文档一体化最重要的特点是将现行业务系统的工作与档案工作实现互动与交叉。一方面使档案工作者从文件生成之日起就能够开展鉴定、归档及归档后的管理，档案工作者通过前端参与和过程控制，加强为社会积累财富的执行力；另一方面也使得开展现行业务活动的工作人员增强了对档案的认知程度，不仅要认识到，只有将有价值的文件完整归档并移交给档案部门进行保管才能算相应的工作真正结束，同时还要意识到，在开展现行业务的过程中，要责任明确、注意积累，记录电子文件活动全过程中所有重要的和有价值的信息，确保电子文件的真实性和完整性。管理过程的互动性加强了多方人员工作中的交流与沟通，对形成和积累有价值的、完整的、真实记载社会活动记录的电子档案具有非常重要的社会意义。

(二)应用系统的统一性

文档一体化管理模式的实现是文件和档案共同依赖统一的管理信息系统，并运行于同构的网络、服务器、数据库管理平台，采取相同的数据、文件存储格式，不同的是管理文件与档案的工作人员对信息系统的操作权限有所不同。在文件的生成、处理、会签、审批等各业务工作处理阶段，业务工作人员拥有对文件的增加、修改、删除等权限，而档案工作者只有查看、浏览的权限。文件在结束其现行期业务工作之后，进入归档阶段时，由电子文件的归档整理人员对文件进行筛选、整理，而档案工作者则开始履行电子文件的鉴定职能和进行归档前的指导工作。在电子文件归档形成电子档案后，档案工作者则需要开展电子档案的保管，并为档案形成单位和社会提供档案的服务与利用。应用系统的统一性使得在从文件到档案的转变过程中，不再需要数据转换和迁移，保持了文件信息的真实性和完整性，同时也降低了工作人员使用信息系统的复杂性，减少了使用过程中的错误发生率。

（三）工作流程的集成性

在传统的文件管理过程中，文件的形成、归档和作为档案保管与提供利用等环节，都将文件生命周期清楚地划分为三个相对独立的过程，即现行期、半现行期和非现行期，并通过现行业务工作部门、机构档案室和档案馆三个物理位置不同的部门分别完成各自的工作。而文档一体化则将文件、档案的管理流程实现了集成，要求在一个统一的系统内，有统一的控制中心、统一的工作制度、统一的且各有特点又互相衔接的工作程序，将档案著录、鉴定、保存和管理等工作贯穿于文件的形成、流转、会签、批准或签发、整理、鉴定、归档、移交、保存或销毁等各个环节，实现各个过程中工作流程的集成和信息的共享，而且能够根据不同的文件与处理要求定义特定的工作流程，实现流程的优化和个性化处理，提高了工作效率，降低了档案接收和保管的复杂性，避免了信息的多次录入和产生不一致信息的可能性。[①]

（四）业务处理的自动性

文档一体化是在充分信任的网络、计算机和信息系统的数字环境下开展工作，采用信息技术和基于工作流程管理理念实现的自动化信息系统，不仅提高了工作效率，而且降低了错误发生的概率。同时，在一些业务处理环节增加了系统自动处理技术，如电子文件版本信息的

①潘连根. 文件与档案管理教程[M]. 芜湖：安徽师范大学出版社，2017.

自动跟踪、电子文件处理过程中的责任链信息的记录、基于管理规则实现的电子档案的自动标引等，都大大提高了业务处理工作的自动化程度，减少了人工操作的复杂程度。由于这些自动化的处理过程是通过系统进行身份认证之后自动生成并保存记载的，因而大大确保了电子文件整个生命周期活动中信息记载的真实性和完整性。

（五）归档工作的及时性

通过对文档一体化应用系统的广泛使用，档案工作者能够随时对归档范围内的、已经完成现行期使命的文件实行鉴定、整理、归档和提供利用等工作。一旦电子文件的形成机构确认该文件已经结束现行期的历史使命，就完全能够实现即时归档、即时鉴定，避免以往通行的隔年归档中存在的各种问题，如丢失、泄密、滞后等。

（六）安全管理的有效性

文档一体化，一方面使电子文件归档过程变得简单、快捷，自动化程度提高；另一方面实现了人们对电子档案原始文件与档案目录数据的同步管理，最大限度地减少了人工的干预，提高了归档工作的效率，更重要的是大大增强了归档过程的规范性和安全性。至于网络和信息系统带来的安全风险，是能够通过采取各种现代技术手段进行控制的。事实上，据权威机构统计，70%～80%的信息安全事件来自管理上的漏洞，采用自动化手段执法比靠人工执法的安全性要高。特别是在《中华人民共和国电子签名法》颁布实施后，电子签名、数字证书、身份认证等一些安全措施和技术手段的采用，也将大大增强电子文件和电子档案安全管理的有效性。

二、文档一体化实现方法

（一）文档一体化系统业务流程

文档管理的实际办公过程比较复杂，有保存价值的电子文件经过整理、鉴定、审核、移交、归档到档案部门管理后，形成电子档案。

(二)文档一体化系统功能结构

通常情况下,文档一体化管理信息系统的功能包括收文管理、发文管理、归档管理、档案管理等。这几个模块相互关联,内部信息集成化共享。

1.收文管理

收文管理是以电子文件的形式处理和记载上级公文、平级来文。用户可根据公文的登记日期、急缓程度、当前流转状态等过程信息快速有效地找到相关文件并进行相应的操作,主要包括收文登记、收文流转、文件催办、流程监控、文件发布等过程。

2.发文管理

发文管理是处理并转发内部制定的或外来的文件。电子文件起草后,均需逐级通过各主办与会签部门人员的审批和修改,最后提交领导签发,形成正式的公文,然后登记、归档。发文管理主要包括发文起草、发文流转、文件催办、流程监控、发布等主要工作。

3.归档管理

电子文件的归档大多采用以下两种方式:一是通过机构内部局域网的电子公文传输系统从网上实现自动归档,系统通过归档环节后,电子文件的管理权就移交给档案管理部门,成为电子档案。此时,其他业务人员能够按照系统授予的权限查询电子档案,但不可以修改。二是各立卷部门在向档案馆移交纸质档案的同时,上交电子载体存储的各种信息,如磁盘、光盘等。

4.档案管理

档案管理是根据国家版本的电子档案归档与管理的相关标准,执行档案的移交、接收、审核、保存、管理、查询、统计,以及提供服务利用等工作,档案形成机构可根据档案的信息类别或档案来源建立相应的档案信息资源库,并可根据归档年度、归档部门或档案实体分类等建立快速检索机制,方便借阅和提供利用。

(三)电子文件网络化归档的真实性保障方法

整个过程包括电子文件归档产生的数字化档案信息的形成、归档、管理和利用四个重要阶段,每个阶段都需要采取各种策略和方法保障档案信息的真实性。

三、文档一体化深化应用的要求

(一)提高认识、统一思想是文档一体化管理的基本要求

文档一体化的实质是将机构各部门相对分散独立的文件与档案统一为一个有机的整体进行管理。这不仅能够加强档案部门对文件管理的超前控制,保证档案的质量,而且能够实现文档数据的一次输入、多次利用,减少重复劳动,节约人力、财力、物力和时间。然而,要想真正实现文档一体化管理,对档案工作者而言,特别是档案部门的领导,必须对文档一体化管理理念有一个全面、客观、科学的认识,并达成共识,充分认识到一体化管理的真正受益者是档案工作者自身、认识到新形势下文档一体化的必要性和紧迫性、认识到这是时代赋予当今档案工作者的使命,只有这样才能够顺利推行文档一体化管理,加强自觉性,使他们面对困难时不逃避、不退缩,勇于接受新鲜事物,逐步实施和应用文档一体化管理模式来开展各项业务。

(二)加强电子文件管理的标准化与规范化

文档一体化管理,使电子文件与电子档案之间的关系更加密切,在一个综合的管理系统中,电子文件和电子档案作为前后衔接、相互影响的子系统,统一地组织和控制整个文件生命周期的全过程。由于文件管理与档案管理的这种前后相承的关系,文件管理直接关系到档案管理的存在和发展,只有文件管理做到标准化、规范化,档案管理才能够顺利地展开。如果文件管理无章可循、紊乱不堪,可以想象档案管理各环节也会陷入忙乱无序的状态,这也会影响综合管理信息系统整体功能的效用。

(三)加强培训和继续教育,提升档案工作者的综合素质

文档一体化管理要求档案工作者不仅具有档案学基础理论知识及专业知识,还必须掌握现代信息技术,熟练运用计算机及现代通信设备来操作网络化管理信息系统,要求档案工作者不断调整自己的知识结构、提高技能、加强综合素质的培养。如果不熟悉计算机、不懂网络知识,档案工作者根本无法接受文档一体化管理思路,更无法开展电子档案的管理工作,也不可能参与到电子文件管理的全过程中。

第三节　档案资源多元化利用

一、档案资源的社会化利用

在信息社会和知识型社会迅速发展的21世纪,档案信息化建设与发展的众多方面,无论是技术手段,还是信息资源的有效积累和广泛利用,都必将以档案信息资源的整合、集成、共享、利用作为出发点和落脚点,以传承人类文明、共享信息资源,实现社会的可持续健康发展。

(一)档案资源的知识化积累

档案的形成(鉴定、收集、整理与归档)是从个体知识到组织知识,再到社会知识转变的文化积累、动态跟踪的历史记载过程,档案的开发与利用(编研、开放、发布与利用)是人类传承文明、创新发展的进步与发展过程。这两个相互衔接、彼此推动的过程循环往复、推陈出新,构成了人类社会的知识化增长和社会化自适应的档案资源不断丰富的过程模型(如图6-1所示)。这表明了"传承—积累—发展—传承"这样一种类似于文化加工厂的生产工序,随人类自身的繁衍而形成民族文化生生不已、无始无终的传承环链。

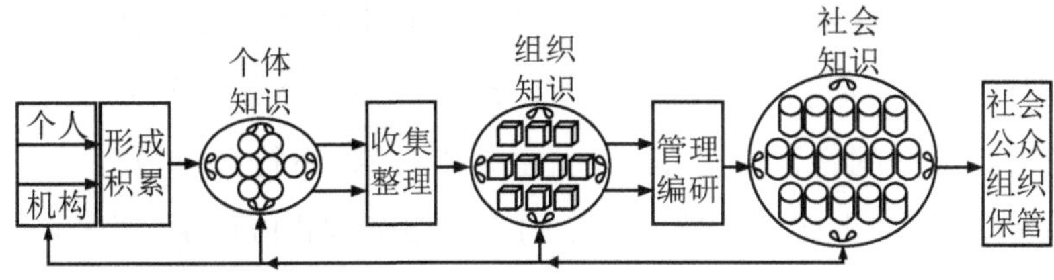

图6-1 档案资源知识化积累模型

(二)档案资源的共享化利用

社会信息化使档案信息资源面临着一个全新的生存环境与发展空间。美国档案学者杰拉尔德·汉姆先生曾指出,档案应该记载“人类生活的方方面面”,档案工作者要“创造一个反映普通百姓生活喜好、需求的全新的文献材料世界”,档案馆藏是反映“人类生活的广阔领地”。因此,档案资源唯有回归社会,得到最大限度的利用,才能体现档案保管的价值和作用。事实告诉我们,实现档案信息资源的集成化管理和共享化利用是档案贴近公众、服务社会的最佳解决方案。

要实现档案信息资源的共享化利用,必须在档案基础数据库的建设上下功夫。因此,研究档案基础数据库的元数据标准集,数字化档案信息的格式规范,档案基础数据库的建设思路和方法,各类结构化和非结构化档案数据的组织、存储和检索利用的关键技术、整合方案,以及提供检索服务和共享利用的有效机制等,将成为当前档案馆信息化建设重要的基础性工作。

(三)档案信息服务机制变革

随着全国各行各业信息化进程的加快,档案馆信息化应用也逐渐走向更广、更深的领域。档案信息服务将不再拘泥于传统的、单一的方式,将会有所创新,趋向多元化发展。[①]

1.服务方式由被动向主动转变

要改变传统的被动服务方式,积极主动地开展档案信息服务。长期以来档案信息利用总是遵循一种传统的服务方式——“等客上门”。

①金晓光. 档案信息资源的开发与利用[M]. 延吉:延边大学出版社,2017.

这实质上与信息社会的发展极不协调，不利于体现与发挥档案信息价值，封闭了档案信息表现价值的众多途径。而档案信息服务方式也必须考虑到档案的特性，“送货上门”也是不行的，不符合《中华人民共和国档案法》的基本要求。档案信息的主动服务方式应该是“请客入门”。

2. 服务手段由传统型向现代化转变

信息技术、数据库技术和多媒体技术的发展使得档案信息服务手段发生了巨大的转变。借鉴相关学科数字化发展的研究成果，档案管理现代化应借助于数字化综合管理信息系统，把分散于不同载体、不同地理位置的档案信息资源以数字化的形式储存，以基于对象管理的模式管理，以网络化的方式互相连接，从而提供及时利用，实现档案信息资源共享。我国是发展中国家，经济和技术条件的制约决定了档案管理手段转变的长期性，传统的档案馆信息服务技术与服务手段将得到一定程度上的扬弃，我们将以新的信息传播循环方式提供档案信息服务。

3. 服务内容由单一型向多元化发展

档案馆通过网络等信息技术与其他档案馆、信息机构及整个社会信息资源建立起紧密的联系。其信息服务将增加新的内容，诸如档案信息资源网络化组织管理、档案信息资源的网络导航、档案信息的数字化开发与提供利用、档案用户的教育培训等。例如，在档案利用者的教育培训方面，就要在对利用者进行传统档案检索和获取方式的培训的基础上，重点帮助利用者学会如何利用数字化的信息资源、如何选择档案信息数据库、如何从网上获取所需的档案信息、如何操作远程通信软件等。档案信息组织方式、检索方式、采集方式，较之其他类型的文献信息来说，具有复杂多样、技术含量高、对利用者信息能力要求高等特点，而我国熟练使用档案信息的人很少，所以对档案利用者的信息检索能力、信息获取能力、信息筛选能力、信息识别能力的培养是档案信息服务的一项重要内容。

4.档案资源由封闭向开放转变

在网络环境下，档案馆信息服务资源已不再仅仅局限于馆藏档案信息量等指标，而是着眼于档案馆获取档案信息、提供档案信息的能力。所以档案馆在充分开发利用本馆馆藏档案信息外，还必须通过网络检索利用其他档案馆馆藏信息和网上信息资源，建立档案信息资源的现代化管理系统，将档案信息纳入计算机网络，从而达到最快捷的信息资源利用效果，实现档案信息价值的最大化，并最终取得档案信息服务于社会的最佳效果。这需要一个过程，从单机操作到建立档案管理信息系统网络、连接有关信息机构网站，最终并入国际互联网。从我国现实情况来看，这将有一个长期的过程，然而这必将是档案馆信息服务发展的终极目标。

5.档案资源由单一型向多类型转变

档案馆提供的单一信息服务的资源是以收藏纸质档案为主要内容的。在网络环境下，档案馆综合信息服务模式的服务资源则要朝着多种载体形式并存的方向发展，包括各种电子文件、光盘、多媒体、缩微载体和声像载体等，尤其要增加数字化馆藏资源的建设。网络环境下的数字档案馆所拥有的完整的馆藏含义应该是“物理实体馆藏+数字化馆藏”。

我国档案馆在档案信息数据库建设方面的任务是：在保留传统档案文献的同时，应通过协作与协调，在一定程度上对馆藏资源进行数字化，要注意将各馆具有独特价值的馆藏文献数字化，制成光盘或在网络传播，使各馆网络信息独具特色，并在此基础上形成一个档案信息网络。

二、馆藏档案数字化应用

为适用公众网络化查档和档案信息化管理的多元化需求，馆藏档案数字化应用系统的建设已成为现代档案管理的一项重要内容。对档案工作者而言，这也是一项全新的任务，需要在充分认识到馆藏数字化重要性和必要性的基础上,采取有效的策略和方法,开展馆藏档案数字化系统的建设和有效使用。

(一)馆藏档案数字化的意义和任务

中共中央办公厅、国务院办公厅联合发布的《关于加强信息资源开发利用工作的若干意见》中明确指出:"各级党委和政府必须担负起加强信息资源开发利用工作的重要责任,采取有效措施,抓紧解决工作中存在的问题,不断提高信息资源开发利用水平。"档案信息资源的开发与利用是现代档案工作的重中之重。档案作为一种特殊的文化资源,是国家信息资源的重要组成部分,它的开发与利用具有非常广泛的社会价值和实际意义。馆藏档案数字化工作主要包括两项任务:一是将传统载体档案目录进行数字化,二是将档案内容进行数字化。

(二)馆藏档案数字化的思路与方法

1.做好馆藏档案数字化的前期基础性准备工作

需要对哪些档案进行数字化、采取什么方法来开展、数字化加工需要购买哪些设备、除此之外还需要做哪些准备工作以及如何做等,都是馆藏数字化的前期基础性准备工作。

(1)做好可行性论证

要根据档案利用的需要、资金情况、馆内人员知识结构、馆内软硬件平台、馆内信息化应用现状等基本状况,充分了解和认识馆藏档案数字化系统建设的复杂程度和技术要求,做好馆藏数字化系统建设的可行性论证工作,确保系统建设自始至终不被中断,确保数字化后的档案信息能够真正使用起来,见到实效。

(2)选择数字化加工方式

数字化是保管档案过程中所做的一项技术性较强的现代化处理工作,这对习惯了传统管理工作的档案工作人员来说,具有较大的难度,因此,需要提前做好规划,明确系统建设的实施方案。馆藏档案数字化系统分几个阶段完成,每个阶段的任务和目标是什么,应对哪些档案做数字化加工和处理,数字化加工处理过程中的安全控制、进度控制、质量控制和成本控制等过程中应采取的方法与策略,数字化后的档案信息如何与现有的计算机信息系统实现集成,如何发布档案信息以提供利用,如何解决备份和长久保存等问题,这些都需要提前做好解决方案,并在档案工作人员和数字化加工协作人员之间达成共识后,才能开始工作。边加工边讨论的方式只能导致工期拖长、见效缓慢、安全性保障难等问题,甚至导致项目失败。

(3)筹备和落实资金

数字化加工的任务单靠档案馆的人力很难完成,往往需要采取商业化的运行模式或外协加工。另外,数字化加工过程需要购买保障安全的监控设施和扫描设备,加工完成后,还需要购买网络化存储设备提供档案信息服务与利用,需要购买各种存储介质进行数据备份,系统实施后还需要聘用系统管理和数据管理人员开展大量运行与维护工作。建立馆藏档案数字化系统需要的资金大概包括以下几个部分:①扫描并且进行全文数字化加工的费用;②数据发布系统的购买费用,包括全文检索、模糊检索、多分类系统、图文关联、元数据编辑器等功能;③购买服务器的花费;④进行馆内人员培训、引进网络管理员和系统管理员等都需要资金。因此,在进行馆藏档案数字化之前,应在资金准备上给予充分重视。

2.确定数字化加工的协作模式

档案内容数字化工作包括数字化预加工和深加工两步:预加工是能够将纸质档案、照片档案、缩微胶片等转变为电子图像文件,不能将纸质档案上的文字信息进行完全处理;深加工则是利用技术含量较高的OCR和语音识别等处理技术获取载体档案中的文字信息,以利于提供全文检索。

3.保障数字化档案信息的真实性

在馆藏档案数字化过程中,数字化档案信息的真实性保障主要体现在档案实体的扫描加工和档案目录的数字化两个方面。

在馆藏数字化档案信息的形成、管理和提供利用的过程中，制定保障档案信息真实性的规章制度是非常重要的管理措施，各个阶段的安全保障侧重点不完全相同。

数字化档案目录信息一般都存储在数据库文件中，它的安全性主要取决于数据库管理系统自身的管理能力，它的真实性主要取决于档案管理员“依法管档”的严格程度。这一部分数据是管理人员根据档案原件提取出来的、用来描述档案原件核心内容的元数据信息（也可能是电子文件自动归档过程中通过预先设定的规则自动生成的、描述文件属性的元数据信息），但这一部分信息并不像档案原件那样具有凭证性作用，它只是为了方便管理和快速检索而形成的，并且在以后的管理过程中某些信息可能会改变。

4.加强数字化档案信息的整合与集成

馆藏档案数字化和电子文件归档产生了大量的数字化档案信息，如果只将其刻录于光盘或存储在磁盘中，不提供系统化的档案利用服务，是错误的和无意义的，也不是馆藏档案数字化的真正目的所在。一些档案馆在开展数字化之前就使用了档案管理信息系统来管理档案的目录信息，并在馆内提供档案目录信息的检索服务，也有一些档案馆在开展数字化的同时也建立起电子文件归档系统，收集电子文件并整理其目录信息，还有些是将馆藏档案数字化作为档案信息化的启动工程。无论是哪种情况，都需要处理好当前档案馆面临的电子文件归档、馆藏档案数字化和对传统载体档案管理的业务关系，将这三项主要工作形成的数字化档案目录信息和档案内容对象实行同步管理，对于电子档案有纸质备份的或纸质档案有数字化拷贝的，都需要做关联处理，做到同一档案内容的一致性管理。否则，在档案馆分别建立电子文件管理系统、馆藏档案数字化管理系统和纸质档案管理系统，必然会造成系统间数据重复甚至不一致，从而增加管理的复杂程度。

5.保障数字化档案信息的存储安全

数字化档案信息的安全管理是档案信息化应用的前提条件。档案安全管理的重要性是由档案本身和档案管理的性质决定的,档案信息化建设必须充分考虑电子环境、应用系统和档案数据存储等方面的安全问题,正确处理方便、高效使用与安全管理的关系,不能因过分考虑安全而限制了档案信息的网络化传输与使用,这样将大大降低网络化应用系统的使用价值。对于数字化档案的网络化存储系统,一方面要求使用带自动备份功能的专用服务器和数据库管理系统,能够配置备份作业计划并安全执行,如光盘库、磁盘阵列、专用网络存储设备等,对备份信息能够实现数据的迁移和方便的恢复;另一方面也应同时使用安全介质备份,定期刻录(复制)备份信息,实行异地保管。

6.提供数字化档案信息的方便利用

馆藏档案数字化的一个根本目的是方便利用,如果将数字化后的图像刻录成光盘存放在库房中,与纸质档案采用同样的管理方式,那么数字化的效果就很难体现出来。只有真正将档案的数字信息放在网络环境中,提供网络化的高效服务,才能确保投资有收益。

[1]陈晓辉,赵屹,郭晓云.档案网站建设[M].上海:世界图书出版公司,2014.

[2]丁海斌,赵淑梅.电子文件管理基础[M].北京:中国档案出版社,2007.

[3]董巧仙.档案管理信息化[M].郑州:大象出版社,2008.

[4]冯建周.档案信息化标准体系建设研究[D].郑州:郑州大学,2009.

[5]郭杨.档案信息化实践与管理创新[M].长春:吉林科学技术出版社,2019.

[6]蒋冠.网络环境下档案信息资源整合研究[D].湘潭:湘潭大学,2005.

[7]金波,张大伟.档案信息化建设[M].上海:上海教育出版社,2016.

[8]金晓光.档案信息资源的开发与利用[M].延吉:延边大学出版社,2017.

[9]李明华.数字档案室建设概论[M].北京:中国文史出版社,2016.

[10]李肖军.档案信息化安全体系建设研究[D].保定:河北大学,2010.

[11]刘亚静.档案管理信息化与自动化探索[M].天津:天津科学技术

出版社,2018.

[12]柳淳萍.探究档案管理的发展趋势——档案信息化[J].黑龙江档案,2017(6):84.

[13]马长林,宗培岭.档案馆信息化建设探论[M].上海:上海社会科学院出版社,2006.

[14]马仁杰,张浩,马伏秋.社会转型期档案信息化与档案信息伦理建设研究[M].上海:世界图书出版公司,2014.

[15]潘连根.文件与档案管理教程[M].芜湖:安徽师范大学出版社,2017.

[16]齐峰.浅谈档案信息化建设现状与优化建议[J].兰台内外,2019(2):3-4.

[17]钱毅.档案数据库的规范和质量控制[M].北京:中国传媒大学出版社,2007.

[18]陶庆萍,孙善清.档案信息管理[M].南京:东南大学出版社,2015.

[19]王辉,关曼苓,杨哲.大数据环境下档案信息化管理[M].延吉:延边大学出版社,2018.

[20]吴良勤,付琼芝.信息工作与档案管理[M].2版.武汉:华中科技大学出版社,2017.

[21]徐春兰,韩光春,赵磊.档案管理与信息化建设[M].延吉:延边大学出版社,2018.

[22]徐华,张敏,王顺.档案信息化建设实验教程[M].北京:北京师范大学出版社,2012.

[23]颜祥林.数字档案馆项目风险管理引论[M].上海:世界图书出版公司,2016.

[24]杨公之.档案信息化建设导论[M].北京:中国档案出版社,2001.

[25]杨公之.档案信息化建设实务[M].北京:中国档案出版社,2003.

[26]上海市档案局.档案管理理论与实务[M].上海:上海教育出版社,2016.

[27]姚乐野,蔡娜.走向知识管理与知识服务——数字档案馆建设研究[M].成都:四川人民出版社,2010.

[28]张仁芬.档案信息化管理[M].长春:吉林摄影出版社,2019.

[29]张照余.档案信息化理论与实践[M].北京:中国档案出版社,2007.

[30]赵娜,韩建春,宗黎黎,等.信息化时代的档案管理精要[M].天津:天津科学技术出版社,2018.

[31]赵屹.档案信息网络化建设[M].北京:北京图书馆出版社,2003.

[32]郑建芬.试论档案信息化建设的现状与发展[J].档案学研究,2017(S2):56-57.